Anna Kistler / Stefanie Schneider

Rechnen ohne Stolperstein

Band 1B

Zahlenraum 4 bis 6

Arbeitsheft / Fördermaterial

Cornelsen

Redaktion: Sabine Müthing, Castrop-Rauxel
Umschlagillustration und Illustration: Kristina Klotz, München
Umschlaggestaltung: Corinna Babylon, Berlin
Technische Umsetzung: LemmeDESIGN, Berlin

www.cornelsen.de

3. Auflage, 4. Druck 2025

Druck: H. Heenemann, Berlin

ISBN 978-3-589-15984-0

Inhaltsverzeichnis

Vorbemerkungen und Hinweise
(Arbeit mit Band 1A/1B, Rechenplättchen) 4

Menge 4: Tischlein deck dich

Mengenbildung 8
Ziffer schreiben 10
Orientierung 11
Zerlegen 14
⊕ Plusaufgaben 15
⊖ Minusaufgaben 19
Plus- und Minusaufgaben gemischt 23
Zerlegen 26
Alles gemischt 29
Rechengeschichten 34

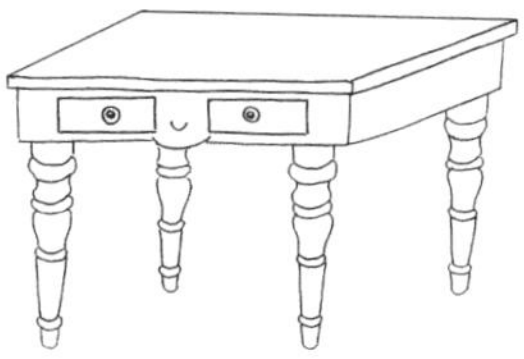

Menge 5: Meine Finger können spielen

Mengenbildung 36
Ziffer schreiben 38
Orientierung 39
Zerlegen 42
⊕ Plusaufgaben 43
⊖ Minusaufgaben 47
Plus- und Minusaufgaben gemischt 51
Zerlegen 54
Alles gemischt 57
Tauschaufgaben 62
Rechengeschichten 63

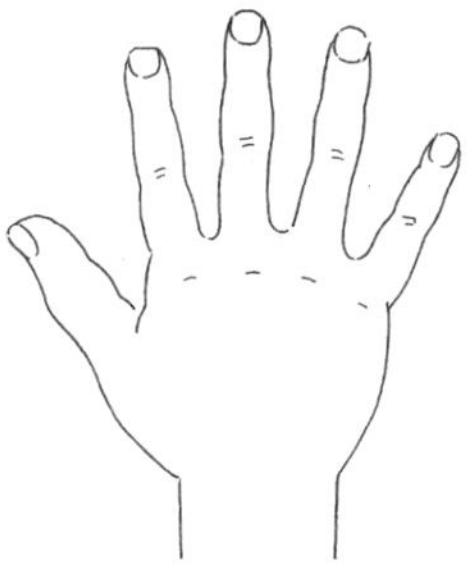

Menge 6: Der Käfer hat sechs Beine

Mengenbildung 65
Ziffer schreiben 67
Orientierung 68
Zerlegen 71
⊕ Plusaufgaben 72
⊖ Minusaufgaben 76
Plus- und Minusaufgaben gemischt 80
Zerlegen 83
Alles gemischt 86
Tauschaufgaben 92
Rechengeschichten 93

Vorbemerkungen

Die Gesetzmäßigkeiten der Mathematik eignen sich hervorragend zum eigenen Entdecken. Die Darbietung des Unterrichtsstoffes in Schulbüchern bietet Kindern mit Schwierigkeiten beim Rechnen aber in der Regel zu wenig Struktur. Damit auch Kinder mit Problemen zum Nachdenken ermutigt werden, müssen Beispiele angeboten werden, die überschaubar sind, sich in Zahlenräumen bewegen, die für die Kinder erfassbar sind, und besondere Schwierigkeiten gesondert thematisieren. Kinder können so ihr Vorwissen aktivieren und auf höhere Zahlenräume übertragen.

Eltern und Lehrkräfte nehmen oft Probleme beim Erlernen des Rechnens nicht wahr, die für Kinder zum Stolperstein werden können. Im numerischen Bereich stolpern viele Kinder beim Übergang vom konkret-anschaulichen zum abstrakten Rechnen. Das Zählen mit den Fingern oder „Rechendrill" helfen da nicht weiter. Mit der Verwendung der Mengenbilder in Zweieranordnung, die sehr einprägsam ist, wird den Kindern eine „Brücke" zur Abstraktion geboten. Ihr abstraktes Denken wird durch anschauliche Mengenbilder unterstützt und geprägt, mit denen sie dann zu „wirklichen" mathematischen Operationen (nicht zum Dazuzählen mit den Fingern etc.) fähig sind. Gerade weil Formzahlbilder feststehende, prägnante Mengenbilder anbieten, können sie zur Kontrolle von Rechnungen genutzt werden. Kinder sehen auf einen Blick die Teilmengen und das Ergebnis. Zudem eignen sich diese Mengenbilder dazu, den erweiterten Zahlenraum in unserem Dezimalsystem auf anschauliche Weise aufzubauen.

Durch die **Zweieranordnung** der Mengen können besondere Schwierigkeiten wie z. B. die Zehnerübergänge anschaulich dargestellt werden. Die Ursprünge der Zweieranordnung gehen auf Kühnel in den Zwanzigerjahren zurück.[1] Die „Formzahlbilder" wurden von Prof. Dr. Schröter erprobt.[2]

Eine weitere Hilfe ist es, jede Menge mit einem einprägsamen **„Standard"** (Margarita Wittoch) zu verbinden, an den sich ein Thema anschließt (z. B. Thema „Spielen" bei der Menge 5 in Anlehnung an den Standard „Hand"). In den höheren Zahlenräumen werden Themen verwendet, die im Unterricht gezielt bei der Einführung eines neuen Lernschritts zum Entdecken durch Handeln anregen sollen.

Auch der **immer gleiche Aufbau der Mengen und Übungsformen** kommt Kindern mit Rechenproblemen entgegen. Er ermöglicht es ihnen, die Aufmerksamkeit innerhalb der einzelnen Lernschritte auf Inhalte zu richten. Sie können so im eigenen Tempo, relativ selbstständig, im Stoff voranschreiten.

In dem vorliegenden Band werden diese Hilfen konsequent eingesetzt.

---

[1] Vgl. KÜHNEL, J. (1922): Neubau des Rechenunterrichts, Leipzig (Klinkhardt)
[2] Vgl. SCHRÖTER, G. (1989): Mathematik in der Grundschule – Die Methode der Formzahlbilder, Regensburg (Wolf)

Ausgewählte weiterführende Literatur

ABELE, A.; KALMBACH, H. u. a. (1993): Handbuch der Grundschulmathematik. 1. und 2. Schuljahr. Stuttgart
ASTER, M. v.; LORENZ, J. H. (Hrsg.) (2005): Rechenstörungen bei Kindern. Göttingen (Vandenhoek & Ruprecht)
DIMIDI – Deutsches Institut für medizinische Dokumentation und Information (Hrsg.) (1994)
FRITZ, A.; RICKEN, G.; SCHMIDT, S. (Hrsg.) (2003): Rechenschwäche. Weinheim, Basel, Berlin (Betz)
GANSER, B. (Hrsg.) (1995): Rechenstörungen (1. Aufl.). Donauwörth (Auer)
GANSER, B. (Hrsg.) (2004): Rechenstörungen (5. überarb. Aufl.). Donauwörth (Auer)
GERSTER, H.-D. (1982): Schülerfehler bei schriftlichen Rechenverfahren. Freiburg (Herder)
GRISSEMANN, H.; WEBER, A. (1990): Grundlagen der Praxis der Dyskalkulietherapie. Stuttgart (Huber)
ICD-10, Internationale statistische Klassifikation der Krankheiten und verwandter Gesundheitsprobleme. Bd. 1. Stand August 1994. Bern (Huber), S. 387.
KÜHNEL, J. (1922): Neubau des Rechenunterrichts. Leipzig (Klinkhardt)
LORENZ, J. H.; RADATZ, H. (1993): Handbuch des Förderns im Mathematikunterricht. Hannover (Schroedel)
SCHRÖTER, G. (1989): Mathematik in der Grundschule – Die Methode der Formzahlbilder, Regensburg (Wolf)

Hinweise zur Arbeit mit Band 1A und 1B

Zu Beginn von Band 1A werden die wichtigsten Schritte des pränumerischen Bereichs in Form von Arbeitsblättern aufgezeigt. Dadurch soll lediglich die Systematik erkennbar werden.[3] Es ist **unerlässlich**, diese grundlegenden mathematischen Fähigkeiten durch **vielfältiges Handeln** im Unterricht zu erarbeiten und zu sichern.

Im pränumerischen Bereich werden wichtige Voraussetzungen für den operativen Umgang mit Mengen geschaffen. Beispielsweise werden bei der zeitlichen Seriation Grundlagen für die Strukturierung von Sachaufgaben gelegt. Mit einprägsamen Figuren (Fee/Räuber) können sich die Kinder bereits hier mit Rechensituationen auseinandersetzen und die Vorgehensweise bei Addition und Subtraktion wird vertraut. Da Kinder schulisches Rechnen mit Zahlen gleichsetzen, ist es motivierend, zwischen pränumerischen und numerischen Inhalten abzuwechseln. Dem trägt auch der Aufbau des vorliegenden Bandes Rechnung.

In dem Band 1A steht die Arbeit mit der Gleichung bei einfachen Plus- und Minusaufgaben im Vordergrund. Wichtig ist uns die Thematisierung der Menge 0, die Kindern erfahrungsgemäß beim abstrakten Rechnen Schwierigkeiten bereitet und zentral für die Arbeit im Dezimalsystem ist. Im numerischen Teil wird das Zerlegen bereits vor Einführung der Plus- und Minusoperationen geübt, jedoch ohne Gleichung. Dies ist wichtig für die Mengenerfassung, im Besonderen für die Beziehung der Teile zum Ganzen. Das Zerlegen als Gleichung wird in Band 1B bei Menge 4 thematisiert. Kinder mit besonders großen Problemen beim Rechnen sind mit dem Zerlegen in Form von Gleichungen oft überfordert. Aber auch hier dient die Handlung der Festigung des Zahlenraums.

Das Verständnis des symbolischen und abstrakten Rechnens setzt Handeln voraus. Deshalb haben wir für alle Mengen je ein Thema aus dem Erfahrungsbereich der Kinder ausgewählt. Mit diesem Thema lassen sich mit wenig Aufwand vielfältige Spielsituationen schaffen, in denen die Kinder mathematische Strukturen erkennen können. Zudem wirken diese Situationen als Anker, die ein späteres Abrufen erleichtern (vgl. auch Wittochs „Standards"). Die beiden Bände enthalten auch einige anspruchsvollere Aufgaben wie Tausch- und sogenannte „Drei-Freundinnen-Aufgaben", bei denen ebenfalls die Teile-Ganzes-Beziehung im Vordergrund steht.

Das Lösen von Sachaufgaben ist für einige Kinder kaum zu bewältigen. Eine mögliche Strukturierungshilfe ist die Anwendung der bereits bei der Seriation verwendeten Verbalisierung in Verbindung mit Platzhaltern für die zu notierende Gleichung.

3	+	2	=	5
Wie viele sind am Anfang da?		Was passiert?		Wie viele sind es am Schluss?

Das Verständnis für diese Art des Aufschreibens kann durch einfache Spielsituationen, die in Gleichungen umgesetzt werden, motivierend gestaltet werden.
Beispiel zur Menge 3: Sandkasten (auf dem Teppich im Klassenzimmer): 2 Kinder spielen mit Förmchen, 1 Kind kommt dazu: „Darf ich mitspielen?", Gleichung wird notiert (2 + 1 = 3).

[3] Vgl. KISTLER, A.; SCHNEIDER, S.: Lehrplanentwurf Mathematik für Sachsen, in: vds, Behindertenpädagogik in Bayern 3/95

Rechnen mit den „Drei Freundinnen“[4] (Teile-Ganzes-Rechnen)

Teile-Ganzes-Rechnen erleichtert den Kindern das Lösen von Gleichungen. Um das Ganze für die Kinder anschaulich zu gestalten, verwenden wir das Bild von drei Freundinnen bzw. von drei Freunden, die zusammengehören.

Beispiel: Freundinnen-Aufgaben mit den Zahlen **4** / 3 / 1

Mit diesen drei Zahlen
können Gleichungen erstellt werden:

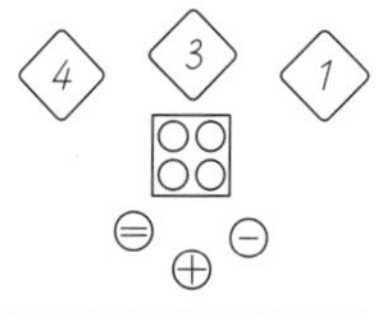

3 + 1 = **4**
1 + 3 = **4**

4 – 3 = 1
4 – 1 = 3

4 = 3 + 1
4 = 1 + 3

Es gibt in jeder Gleichung eine große Freundin (hier die **4**) und zwei kleine Freundinnen (hier 1 und 3).

Hierbei wird deutlich, dass
- bei **Plusaufgaben** die große Freundin immer hinten steht,
- bei **Minusaufgaben** die große Freundin immer vorn steht,
- beim **Zerlegen** die große Freundin immer vorn steht.

Die Kontrolle erfolgt über das Legen mit Plättchen.

Bei der Lösung müssen die Kinder folgende Fragen klären:
1. Was passiert (plus, minus oder zerlegen)?
2. Wo ist die große Freundin?
3. Welche Freundin fehlt?

Das **Ergänzen** als schwierige Platzhalteraufgabe (im Beispiel: 3 + ☐ = 4) wird eine Plusrechnung (die kleine Freundin 1 fehlt).

---

[4] In den Arbeitsblättern werden beide Geschlechterformen im Wechsel eingesetzt. In den Erläuterungen zu diesem Aufgabentyp wird zugunsten einer besseren Lesbarkeit nur die weibliche Form benutzt.

Hinweise zum Umgang mit den Rechenplättchen

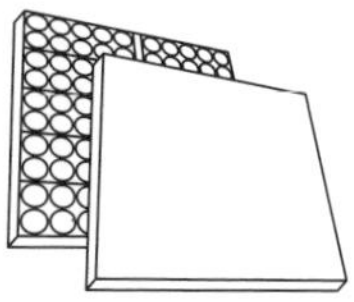

Zu „Rechnen ohne Stolperstein“ gibt es strukturiertes Rechenmaterial („Rechenplättchen“, ISBN 978-3-87101-496-3), das die Kinder beim Lernen unterstützt. Es folgen nun einige Hinweise zum Einsatz dieser Rechenplättchen:

Dem Einsatz der Rechenplättchen müssen konkrete Handlungen aus dem Erfahrungsbereich der Kinder vorausgehen. Besonders bei jedem neuen Rechenschritt sollte konkret gehandelt werden. Anregungen hierzu finden sich in den Einführungen der Rechenhefte, z. B. das Thema „Die sieben Zwerge“ bei der Zahl 7.

Addition:
Eine neue Menge entsteht durch Zusammenschieben zweier Plättchen. Sie werden so aneinander gelegt, dass bei der Summe die Gestalt der Zweieranordnung erhalten bleibt.

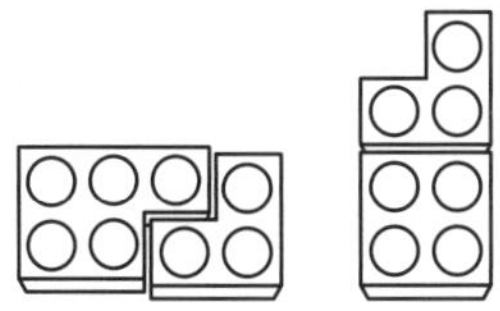

5 + 3 4 + 3

Subtraktion:
Die Ausgangsmenge wird mit Plättchen gelegt. Die Menge, die abgezogen werden soll, wird mit der jeweiligen Minusfolie (auf diese Weise bleibt die Gleichung ersichtlich) oder mit dem entsprechenden Plättchen abgedeckt.

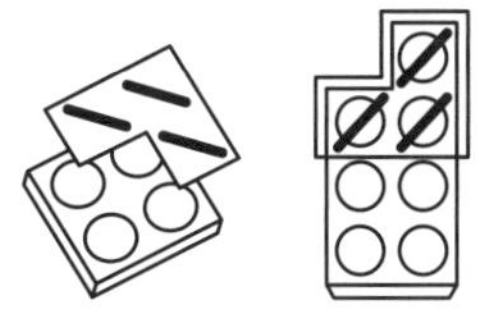

4 – 3

Zerlegen:
Die Ausgangsmenge wird mit Plättchen gelegt. Die vorgegebene Teilmenge wird mit einer Bleischnur, einem Stift, einem Band o. Ä. abgetrennt, die Zerlegung in zwei Mengen wird sichtbar. Die Zerlegungsmöglichkeiten der Mengen bis 9 sind wichtige Voraussetzungen für den Zehnerübergang!

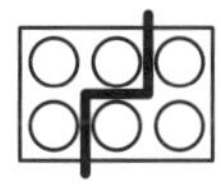

6 = 3 + 3

Allgemeine Hinweise:
Äußere Ordnung ist eine wichtige Orientierungshilfe beim Rechnen:

- Zu Beginn jeder Rechenstunde sollten die Plättchen geordnet auf dem Arbeitstisch/-teppich liegen.
- In die grüne Schachtel (Hunderter-Schachtel) geordnet, ergeben immer zwei Mengen 10 (1/9, 2/8, 3/7 usw.).
- Der Deckel der Hunderter-Schachtel kann als Arbeitsbegrenzung (Legefläche) für die aktuelle Aufgabe benutzt werden.

Weitere Informationen und Materialien, insbesondere zahlreiche Rechenspiele, finden Sie auf der Webseite: *www.rechnen-ohne-stolperstein.de*

Tischlein deck dich!

4

Mengenbildung

Male alle Teller mit 4 Dingen aus!

Der Tischler braucht für jeden Tisch 4 Beine. Kreise immer 4 Beine ein!

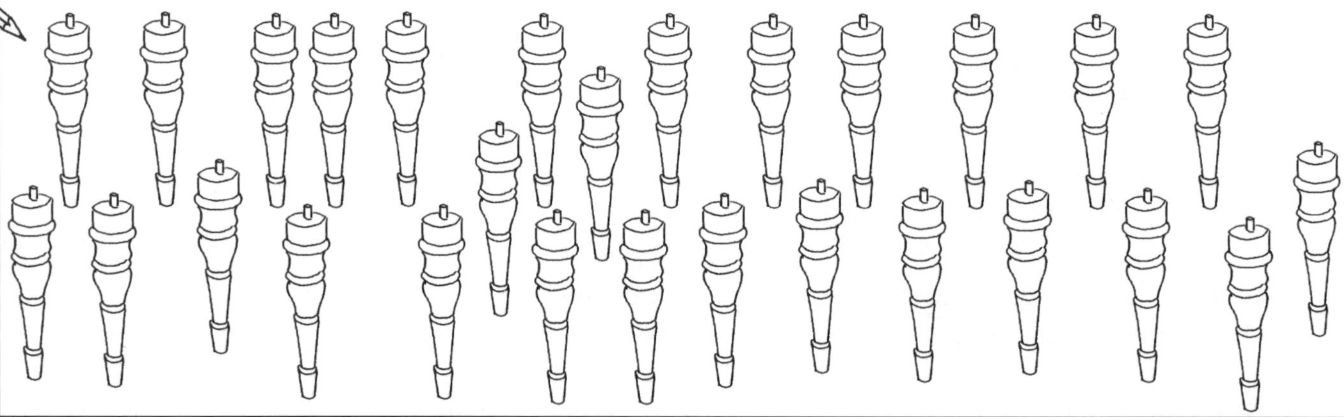

Male die Beine dazu!

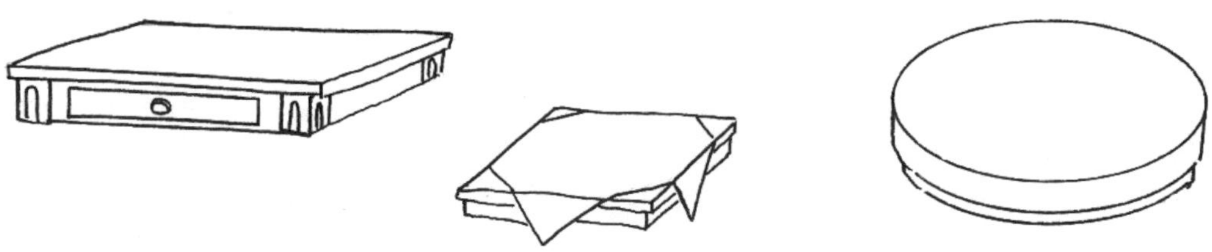

Kistler / Schneider: Rechnen ohne Stolperstein, Band 1B. Illustrationen: Kristina Klotz

Male alle 4er-Plättchen an!

4

Mengenbildung

Rahme alle 4er-Plättchen ein!

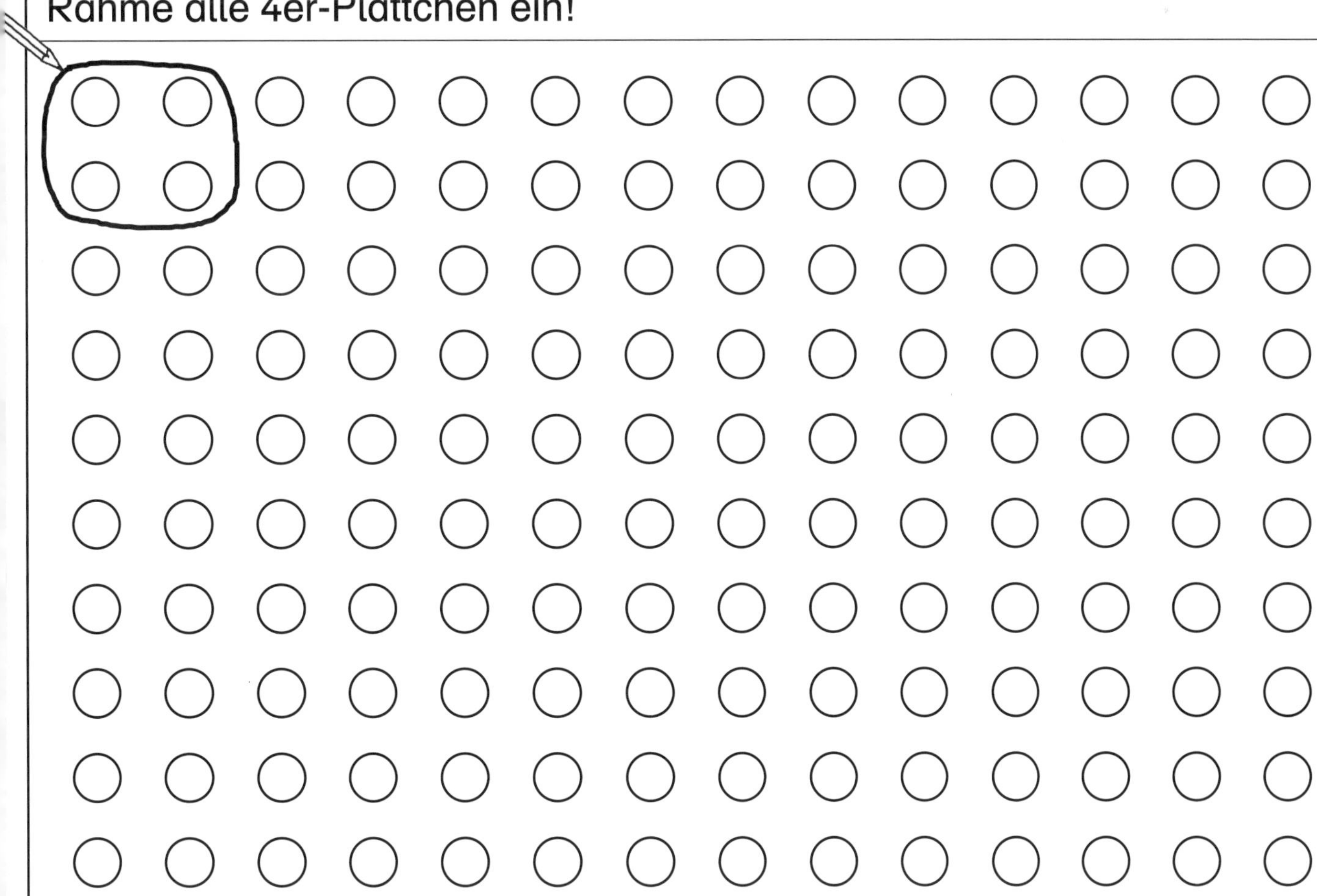

Spure nach und schreibe!

Ziffer schreiben

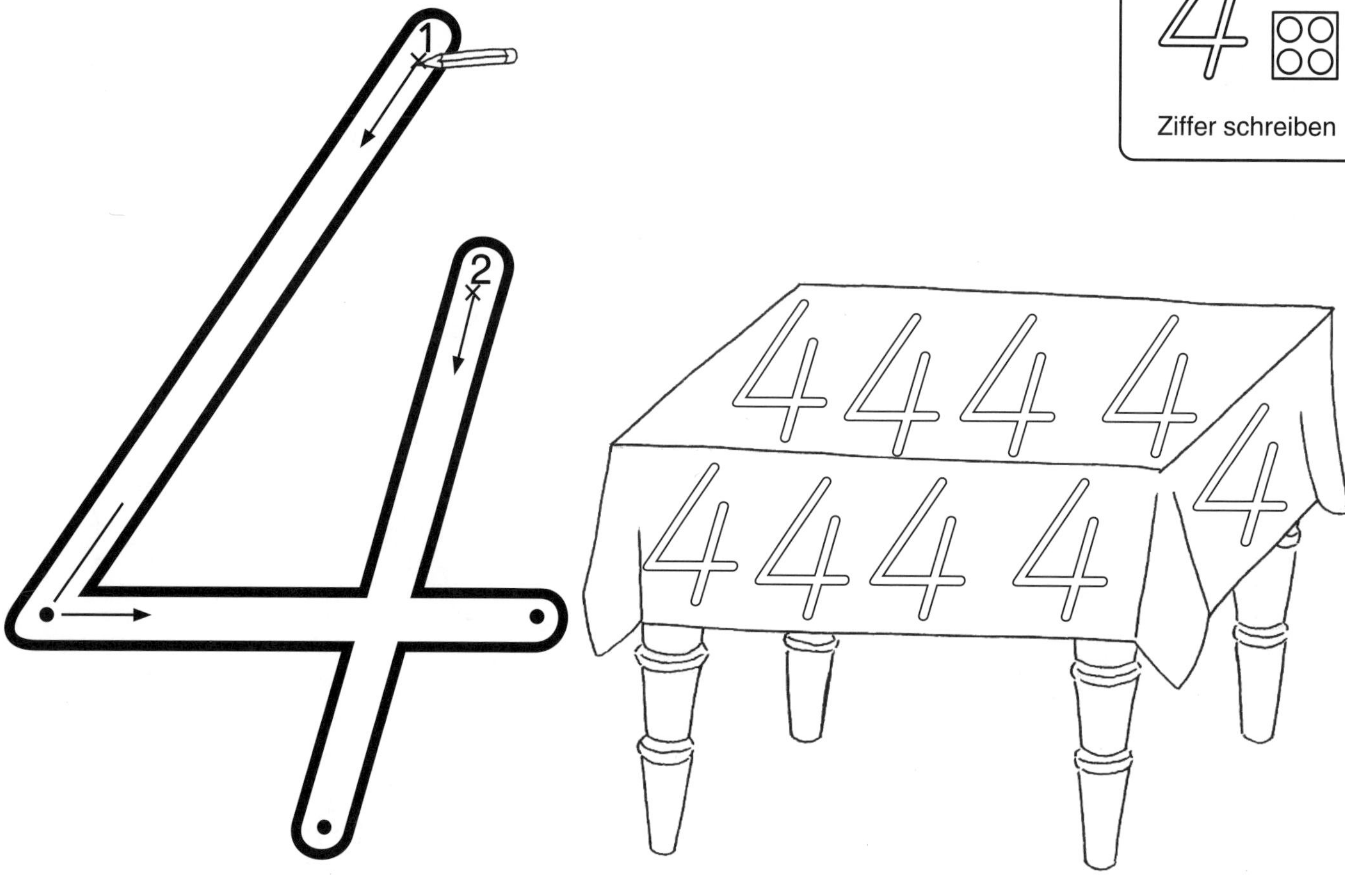

Kistler/Schneider: Rechnen ohne Stolperstein, Band 1B. Illustrationen: Kristina Klotz

Male die Punkte und schreibe die richtige Zahl dazu!

4

Orientierung

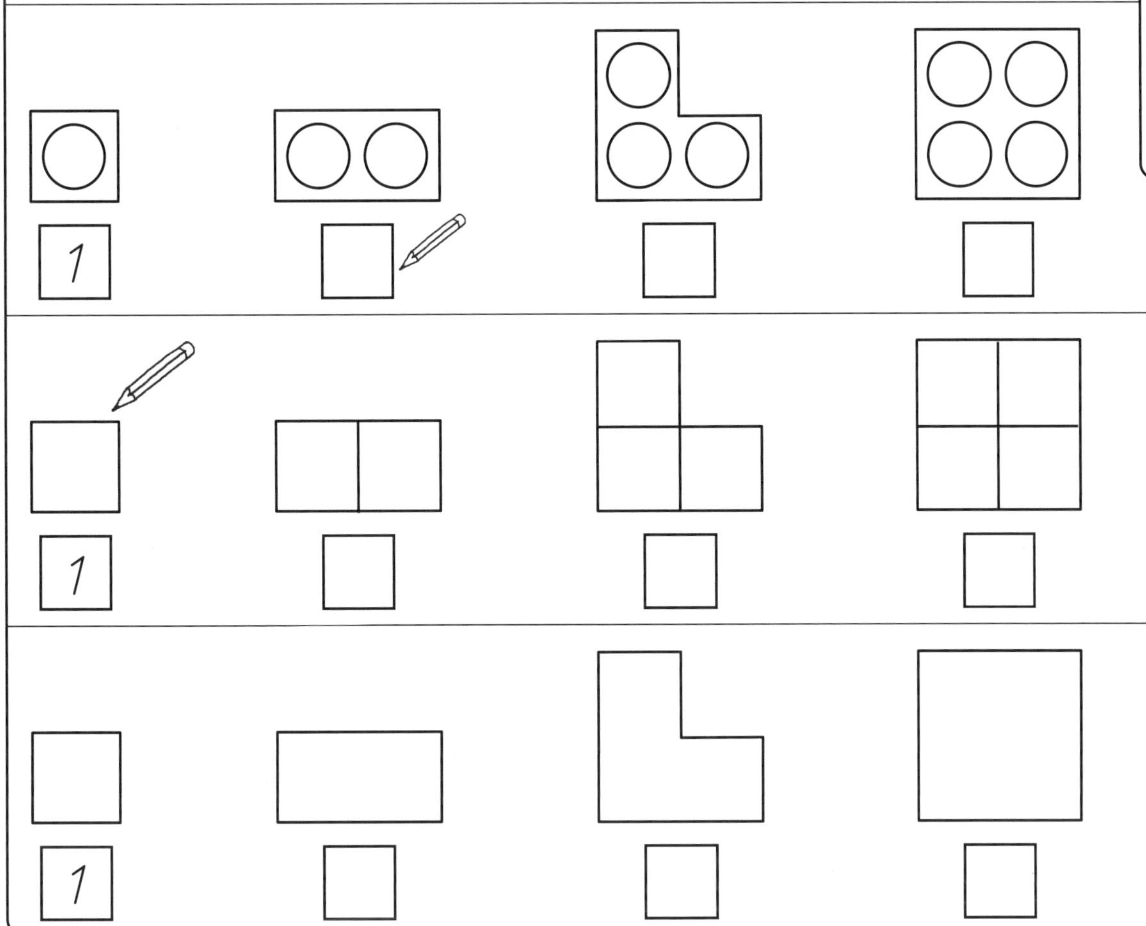

Verbinde in der richtigen Reihenfolge!

4 Orientierung

Du kennst dich bis 4 gut aus!

Welche Zahlen fehlen?

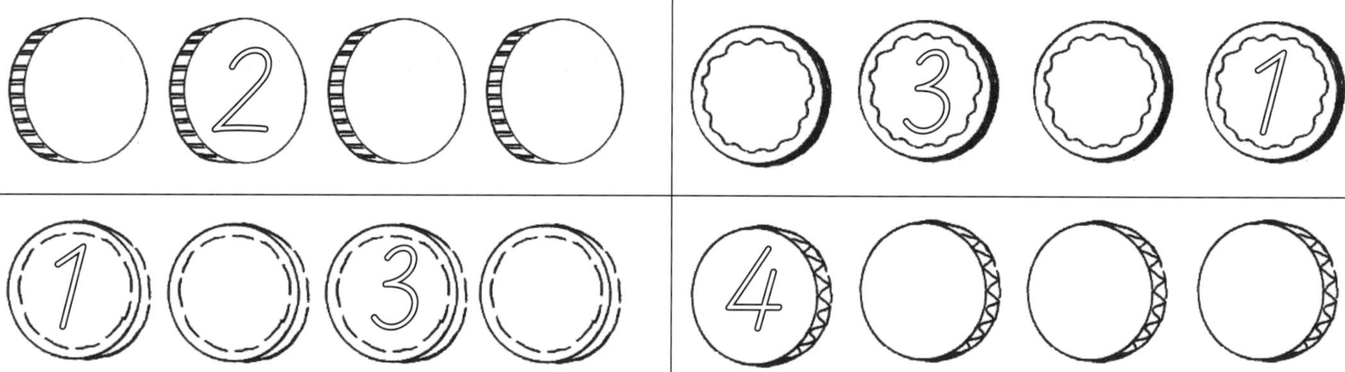

Nachbarn

Kistler/Schneider: Rechnen ohne Stolperstein, Band 1B. Illustrationen: Kristina Klotz

Wir vergleichen: 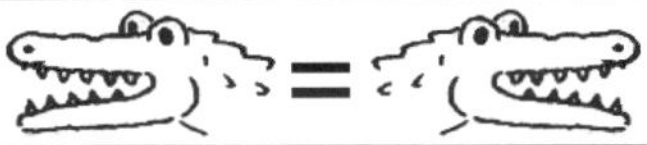

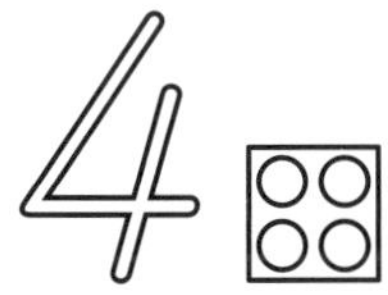

Orientierung > = <

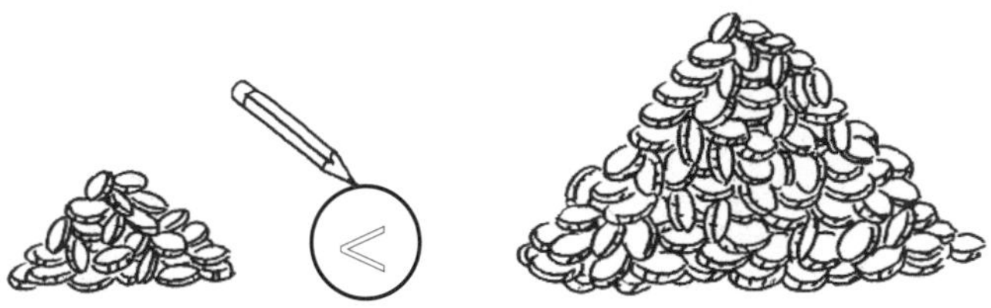

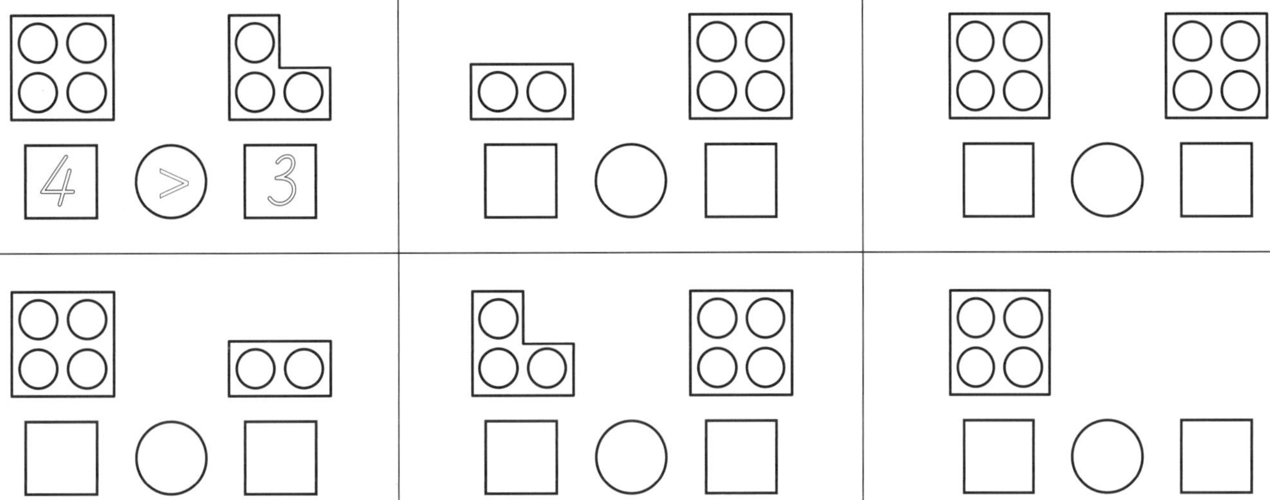

Kleiner, größer oder gleich?

3 ◯ 1	4 ◯ 1	4 ◯ 2	1 ◯ 1
1 ◯ 4	3 ◯ 3	4 ◯ 4	3 ◯ 2
4 ◯ 0	2 ◯ 4	2 ◯ 3	3 ◯ 4
2 ◯ 2	4 ◯ 3	0 ◯ 4	2 ◯ 0

Finde eine passende Lösung!

4 > ☐	1 < ☐	2 < ☐	0 < ☐
3 < ☐	4 = ☐	3 = ☐	4 > ☐
3 > ☐	1 > ☐	4 > ☐	0 < ☐

Wir zerlegen:

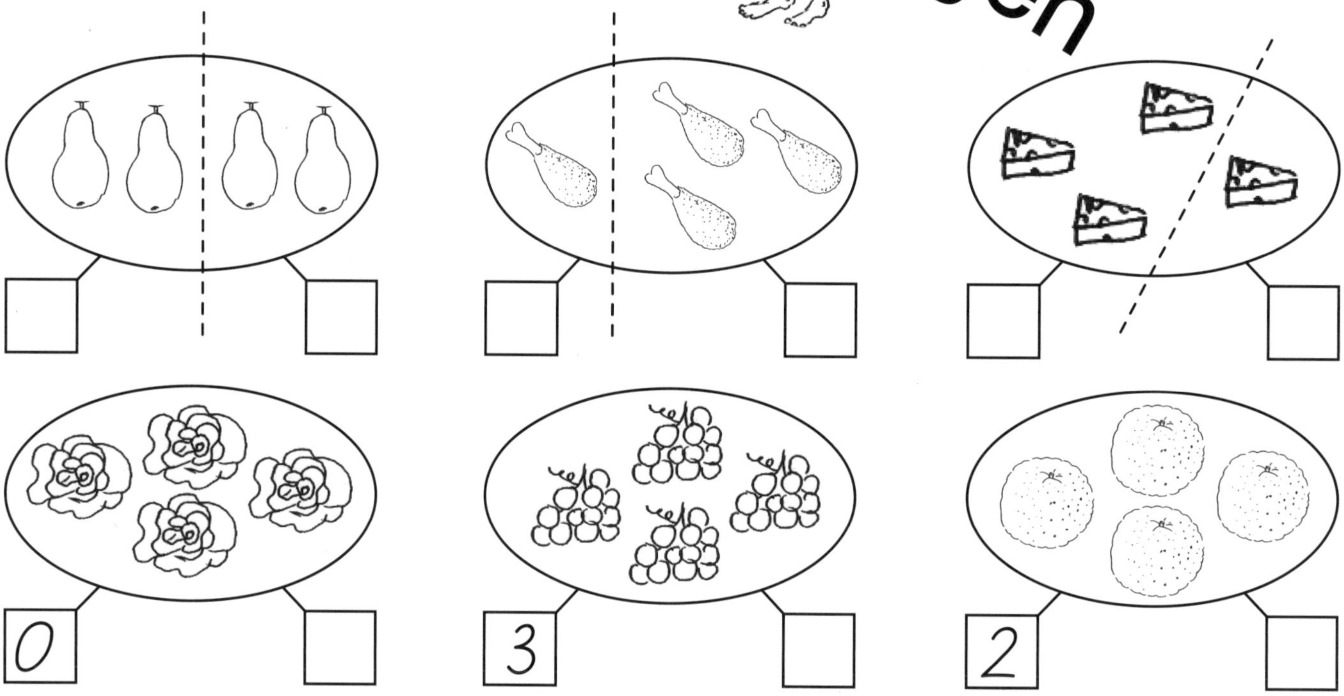

Wie ist die 4 zerlegt?

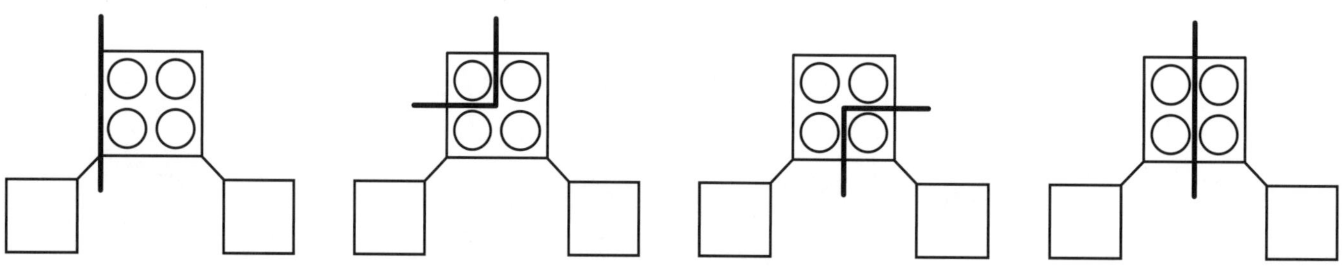

Zerlege selbst!

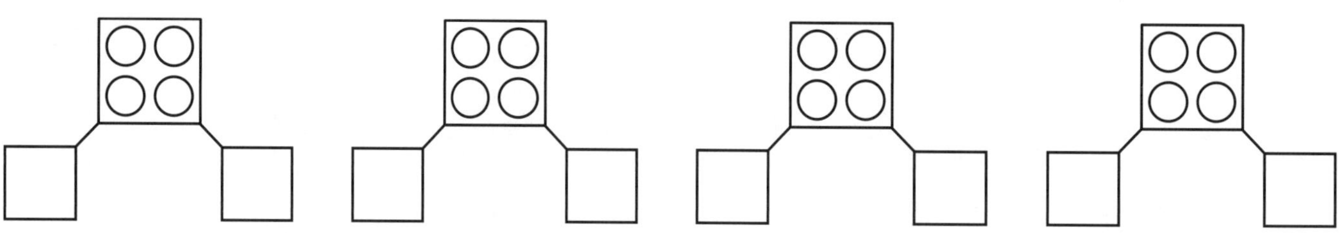

Kistler / Schneider: Rechnen ohne Stolperstein, Band 1B. Illustrationen: Kristina Klotz

⊕ Plus: Es werden mehr!

4 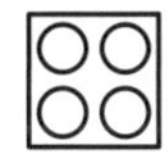

⊕

$2 + 2 = \square$

☐ ○ ☐ ○ ☐

☐ ○ ☐ ○ ☐

Rechnen mit Plättchen!

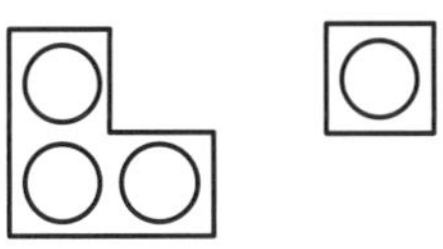

$3 + 1 = \square$

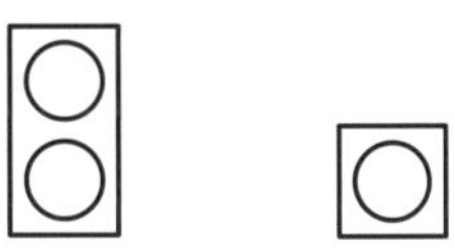

$2 + 1 = \square$

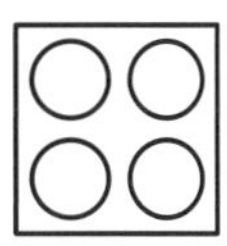

$4 + 0 = \square$

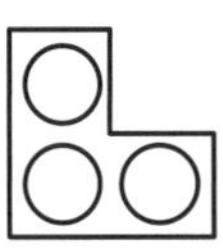

$3 + 0 = \square$

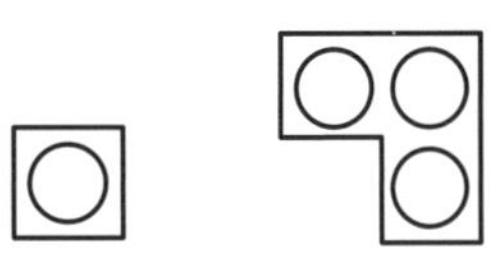

$1 + 3 = \square$

$1 + 1 = \square$

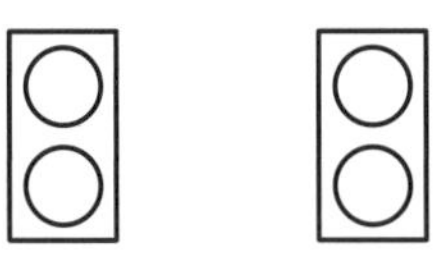

$2 + 2 = \square$

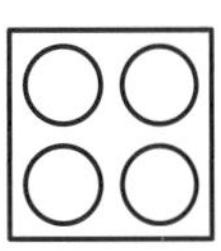

$0 + 4 = \square$

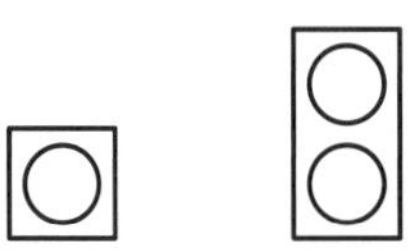

$1 + 2 = \square$

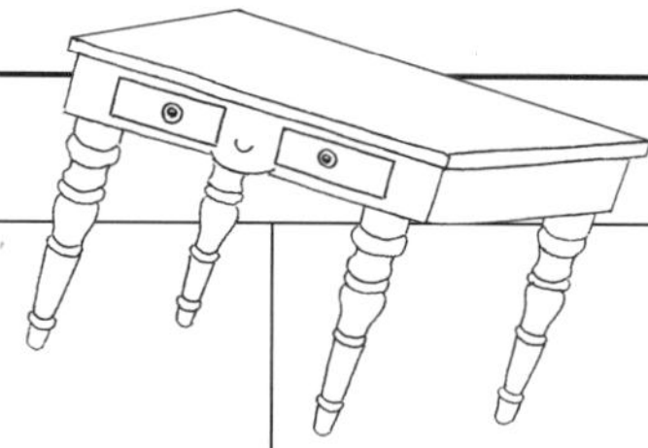

Male die Plättchen und rechne!

$2 + 2 = \square$

$1 + 3 = \square$

$0 + 4 = \square$

$1 + 1 = \square$

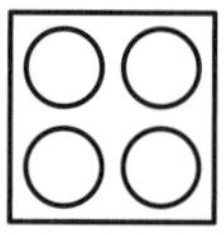

$4 + 0 = \square$

$2 + 1 = \square$

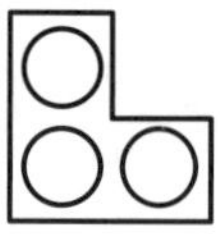

$3 + 1 = \square$

$2 + 2 = \square$

Male die Rechnung!

$0 + 4 = \square$

$3 + 1 = \square$

$3 + 0 = \square$

$1 + 1 = \square$

$1 + 2 = \square$

$1 + 3 = \square$

$4 + 0 = \square$

$2 + 2 = \square$

$2 + 1 = \square$

Kistler/Schneider: Rechnen ohne Stolperstein, Band 1B. Illustrationen: Kristina Klotz

Wie heißt die Rechnung?

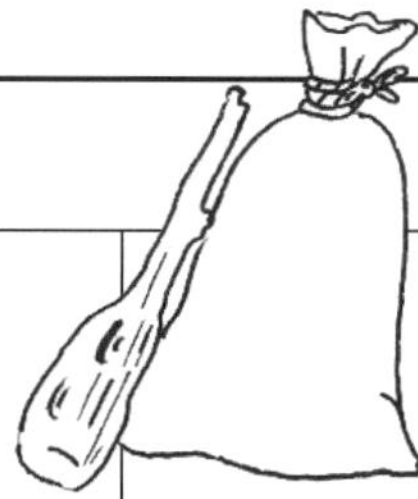

4 ⊕

□ ○ □ ○ □	□ ○ □ ○ □	
□ ○ □ ○ □	□ ○ □ ○ □	□ ○ □ ○ □
□ ○ □ ○ □	□ ○ □ ○ □	□ ○ □ ○ □

Denke an die Plättchen und rechne!

$2 + 2 = \square$	$1 + 2 = \square$	$1 + 3 = \square$
$3 + 1 = \square$	$4 + 0 = \square$	$2 + 1 = \square$
$3 + 0 = \square$	$1 + 1 = \square$	$0 + 4 = \square$

Finde selbst Aufgaben!

$\square + \square = 4$	$\square + \square = 3$	$\square + \square = 2$
$\square + \square = 4$	$\square + \square = 3$	$\square + \square = 2$
$\square + \square = 4$	$\square + \square = 3$	$\square + \square = 2$

4 ⊕

Für Spürnasen: Rechne zuerst, finde dann eine passende Aufgabe!

$1 + 0 = \square$	$3 + 1 = \square$	
$2 + 0 = \square$	$0 + 4 = \square$	
$3 + 0 = \square$	$1 + 3 = \square$	
$\square \bigcirc \square \bigcirc \square$	$\square \bigcirc \square \bigcirc \square$	

Kettenaufgaben

[2] $1 + 1 + 2 = \square$	[ ] $2 + 1 + 0 = \square$
[ ] $2 + 2 + 0 = \square$	[ ] $1 + 2 + 1 = \square$
[ ] $3 + 0 + 1 = \square$	[ ] $1 + 3 + 0 = \square$

Rechen-Säcke

$2 + 2 = \square$
$0 + 4 = \square$
$2 + 1 = \square$

$4 + 0 = \square$
$1 + 1 = \square$
$3 + 1 = \square$

$0 + 1 = \square$
$0 + 3 = \square$
$3 + 0 = \square$

$1 + 2 = \square$
$0 + 1 = \square$
$2 + 0 = \square$

$1 + 3 = \square$
$0 + 2 = \square$
$1 + 0 = \square$

$0 + 0 = \square$

Kistler/Schneider: Rechnen ohne Stolperstein, Band 1B. Illustrationen: Kristina Klotz

⊖ Minus: Es werden weniger!

4 ⊖

4 − 1 = □

□ ○ □ ○ □

□ ○ □ ○ □

Rechnen mit Plättchen!

 4 − 1 = □	 4 − 3 = □	 3 − 3 = □
 4 − 2 = □	 3 − 1 = □	 4 − 4 = □
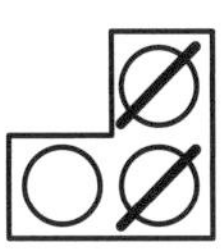 3 − 2 = □	 2 − 2 = □	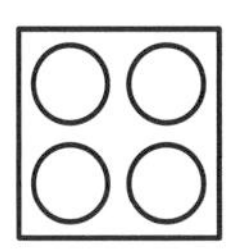 4 − 0 = □

Streiche weg und rechne!

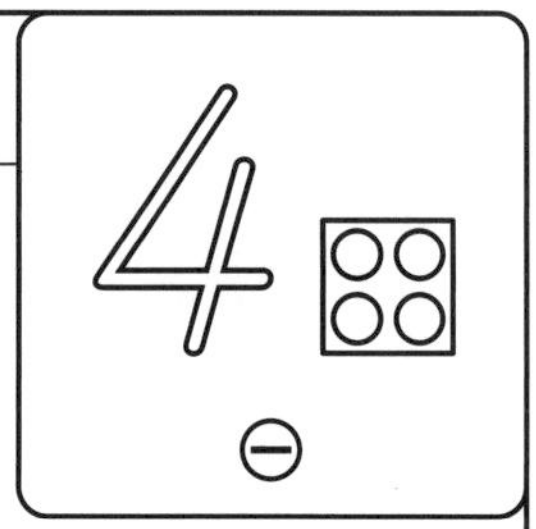

 $4 - 1 = \square$	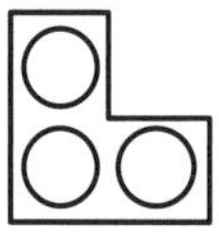 $3 - 1 = \square$	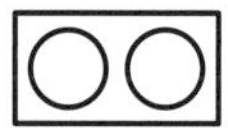 $2 - 2 = \square$
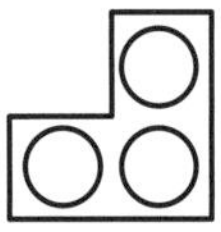 $3 - 2 = \square$	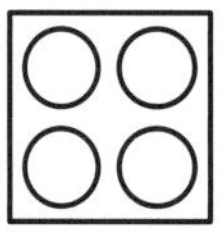 $4 - 3 = \square$	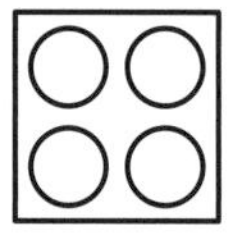 $4 - 0 = \square$
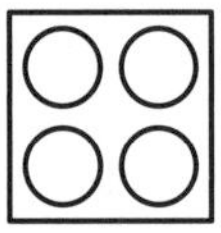 $4 - 2 = \square$	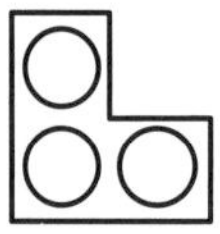 $3 - 3 = \square$	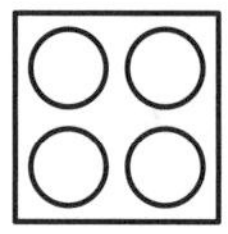 $4 - 4 = \square$

Male die Rechnung!

$4 - 2 = \square$	$3 - 0 = \square$	$4 - 4 = \square$
$4 - 3 = \square$	$3 - 2 = \square$	$4 - 1 = \square$
$3 - 3 = \square$	$4 - 0 = \square$	$2 - 1 = \square$

Kistler/Schneider: Rechnen ohne Stolperstein, Band 1B. Illustrationen: Kristina Klotz

Wie heißt die Rechnung?

4 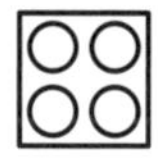 ⊖

 □ ○ □ ○ □	 □ ○ □ ○ □	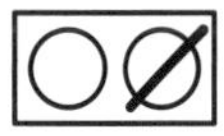 □ ○ □ ○ □
 □ ○ □ ○ □	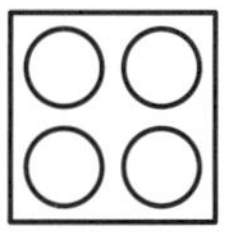 □ ○ □ ○ □	 □ ○ □ ○ □
 □ ○ □ ○ □	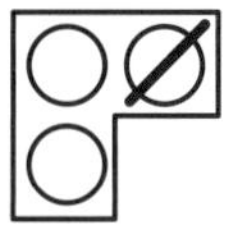 □ ○ □ ○ □	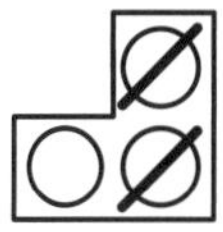 □ ○ □ ○ □

Denke an die Plättchen und rechne!

$4 - 0 = \square$	$3 - 3 = \square$	$4 - 4 = \square$
$4 - 2 = \square$	$4 - 1 = \square$	$3 - 1 = \square$
$4 - 3 = \square$	$3 - 2 = \square$	$2 - 1 = \square$

Finde selbst Aufgaben!

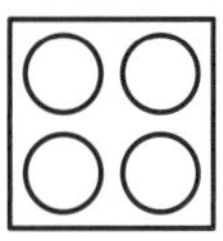	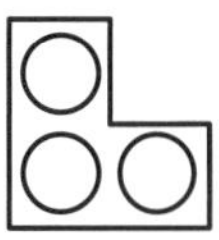	
$4 - \square = \square$	$3 - \square = \square$	$2 - \square = \square$
$4 - \square = \square$	$3 - \square = \square$	$2 - \square = \square$
$4 - \square = \square$	$3 - \square = \square$	$2 - \square = \square$

4 ⊖

Für Spürnasen: Rechne zuerst, finde dann eine passende Aufgabe!

4 – 4 = □	4 – 0 = □	
2 – 2 = □	4 – 1 = □	
0 – 0 = □	3 – 1 = □	
□ ○ □ ○ □	□ ○ □ ○ □	

Kettenaufgaben

4 – 1 – 1 = □ (Zwischenergebnis: 3)	4 – 2 – 2 = □ (Zwischenergebnis: □)
3 – 0 – 2 = □ (Zwischenergebnis: □)	4 – 3 – 1 = □ (Zwischenergebnis: □)
4 – 0 – 3 = □ (Zwischenergebnis: □)	3 – 2 – 1 = □ (Zwischenergebnis: □)

Rechne und male richtig an!

0 = grau

1 = grün

2 = braun

3 = blau

4 = rot

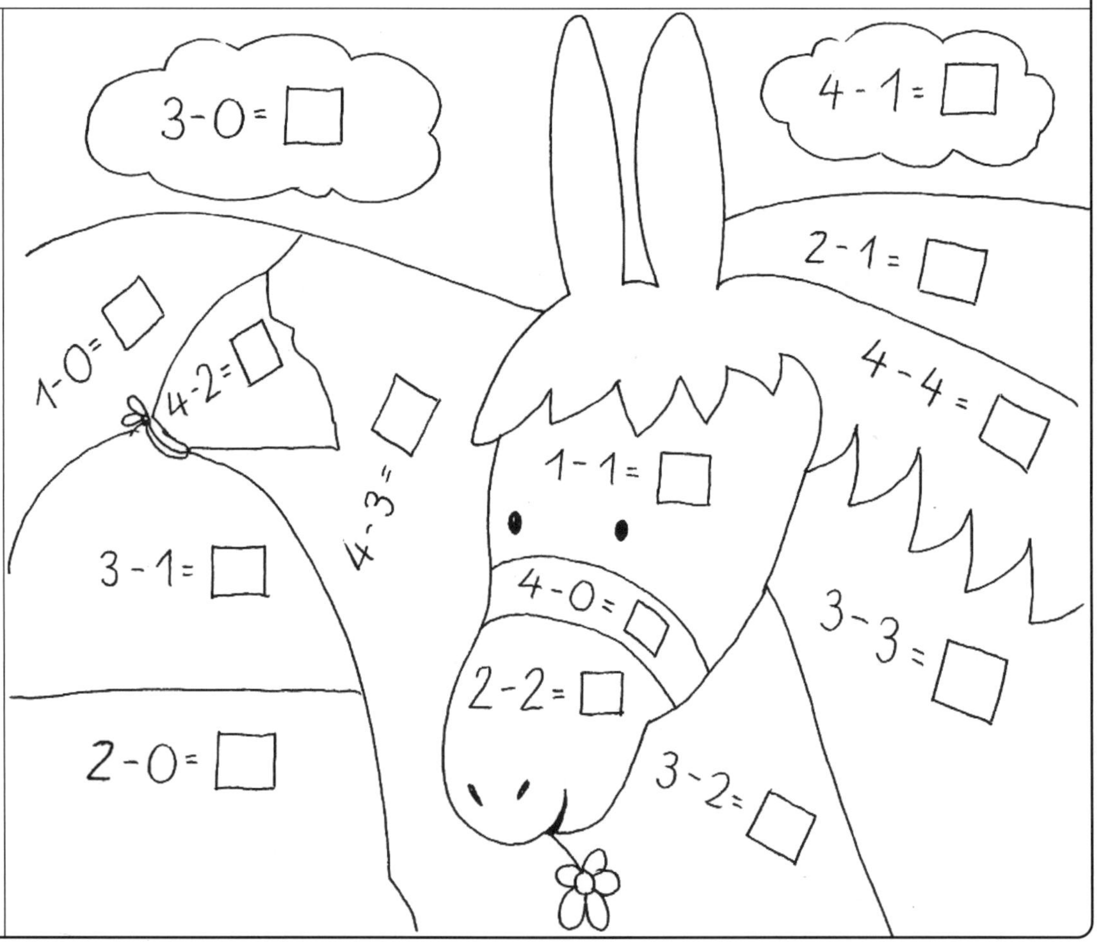

Kistler/Schneider: Rechnen ohne Stolperstein, Band 1B. Illustrationen: Kristina Klotz

4

Was passiert? Achte auf ⊕ und ⊖ !

$3 + 1 = \square$

$3 - 1 = \square$

□ ○ □ ○ □

□ ○ □ ○ □

□ ○ □ ○ □

Male die Rechnung!

$4 - 2 = \square$	$2 + 2 = \square$	$4 + 0 = \square$
$0 + 4 = \square$	$4 - 1 = \square$	$4 - 3 = \square$
$3 + 1 = \square$	$1 + 3 = \square$	$4 - 4 = \square$

Dazu oder weg? Rechne!

4

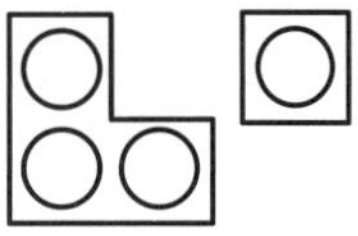

3 + 1 = ☐

4 − 2 = ☐

4 − 2 = ☐

0 + 4 = ☐

1 + 3 = ☐

2 + 2 = ☐

4 − 1 = ☐

3 + 1 = ☐

4 + 0 = ☐

4 − 3 = ☐

4 − 4 = ☐

Kettenaufgaben

3

2 + 1 + 3 = ☐

☐

4 − 2 + 1 = ☐

☐

3 − 2 + 3 = ☐

☐

0 + 4 − 2 = ☐

☐

2 + 2 − 3 = ☐

☐

4 − 3 + 2 = ☐

Rechne und male richtig an!

0 = gelb

1 = rot

2 = blau

3 = grün

4 = braun

Kistler/Schneider: Rechnen ohne Stolperstein, Band 1B. Illustrationen: Kristina Klotz

Was passiert? ⊕ oder ⊖ ?

4

1 ◯ 3 = 4	4 ◯ 1 = 3	
0 ◯ 4 = 4	2 ◯ 2 = 4	
3 ◯ 2 = 1	3 ◯ 1 = 4	
4 ◯ 3 = 1	2 ◯ 1 = 3	
3 ◯ 3 = 0	4 ◯ 4 = 0	0 ◯ 0 = 0
0 ◯ 3 = 3	3 ◯ 1 = 2	4 ◯ 0 = 4
2 ◯ 1 = 1	3 ◯ 0 = 3	2 ◯ 0 = 2
1 ◯ 1 = 2	0 ◯ 2 = 2	0 ◯ 1 = 1

Finde selbst Aufgaben!

□ + □ = 4	□ − □ = 3	□ + □ = 2
□ − □ = 4	□ + □ = 3	□ − □ = 2
□ + □ = 4	□ − □ = 3	□ + □ = 2

Rechne mit dem Ergebnis weiter!

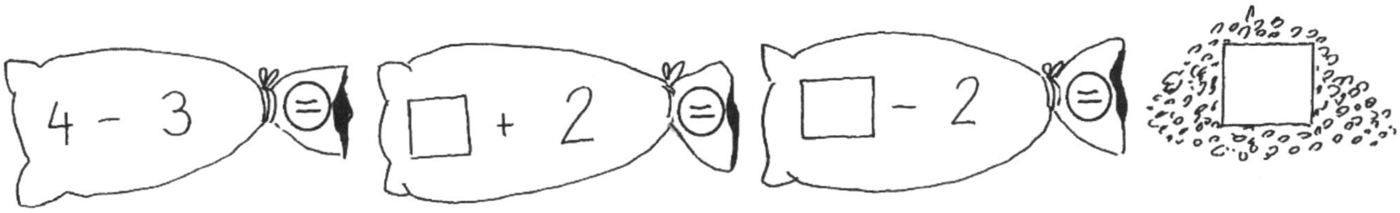

Zerlege und rechne!

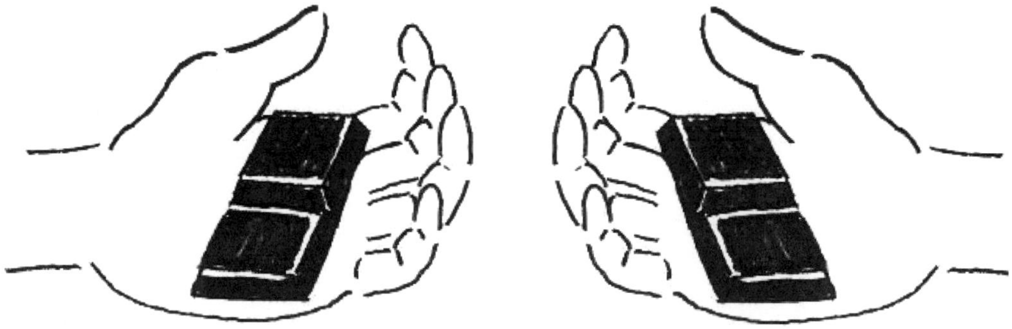

$4 = 2 + □$

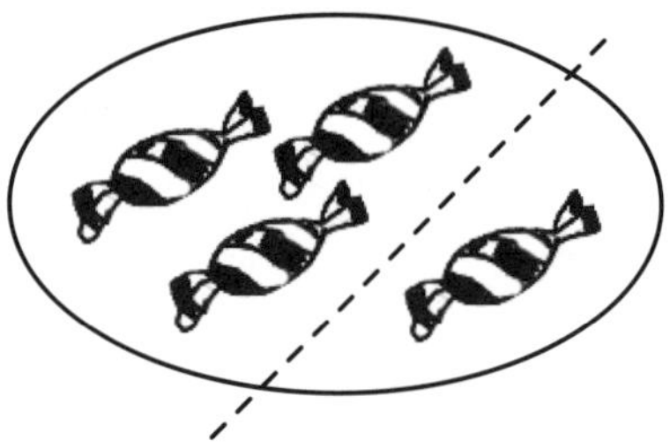

$4 = 3 + □$

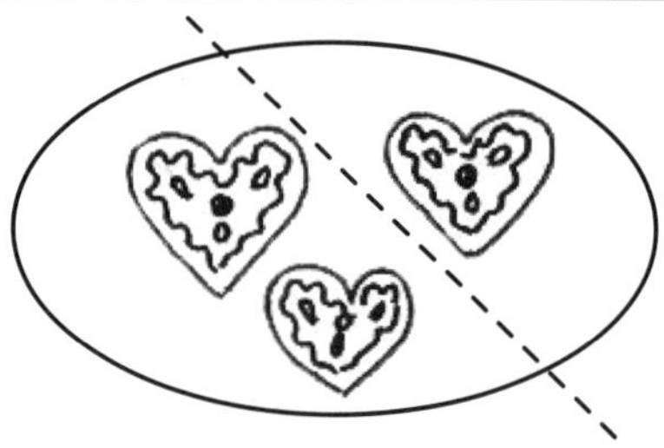

$3 = 2 + □$

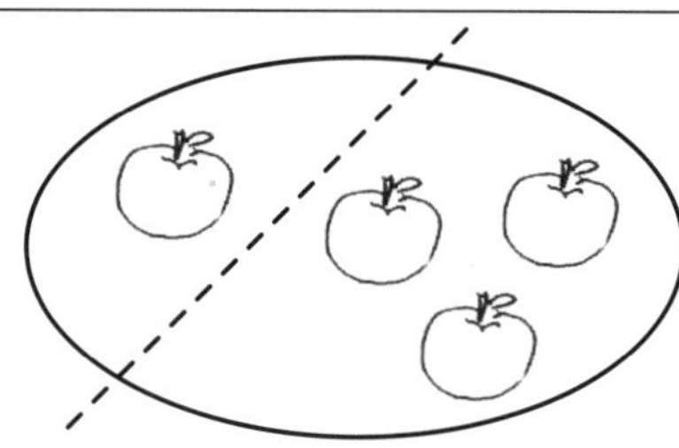

$4 = 1 + □$

Zerlege und rechne!

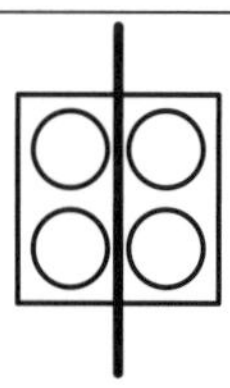

$4 = 2 + □$

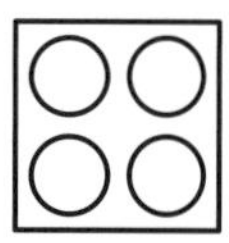

$4 = 0 + □$

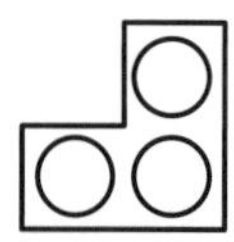

$3 = 1 + □$

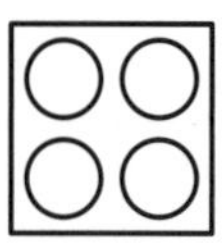

$4 = □ + 3$

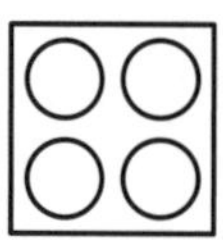

$4 = □ + 2$

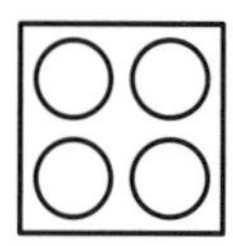

$4 = 1 + □$

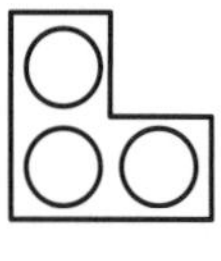

$3 = 3 + □$

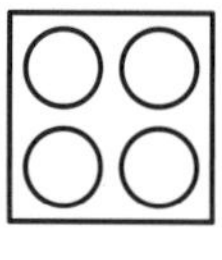

$4 = □ + 1$

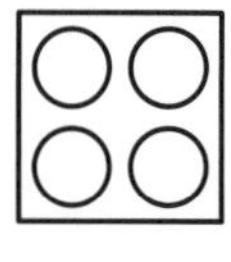

$4 = 3 + □$

Kistler/Schneider: Rechnen ohne Stolperstein, Band 1B. Illustrationen: Kristina Klotz

Male die Rechnung!

$4 = 1 + \square$	$4 = 3 + \square$	
$3 = 2 + \square$	$4 = 0 + \square$	$4 = \square + 3$
$4 = 2 + \square$	$4 = \square + 2$	$3 = 1 + \square$

Wie heißt die Rechnung?

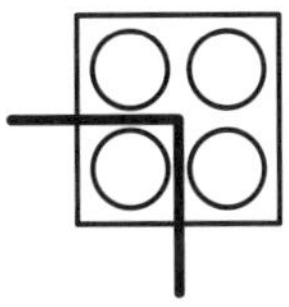 □ ○ □ ○ □	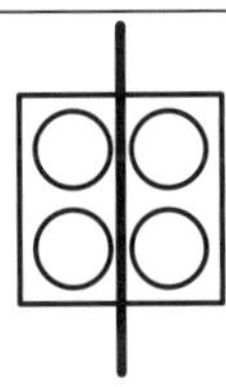 □ ○ □ ○ □	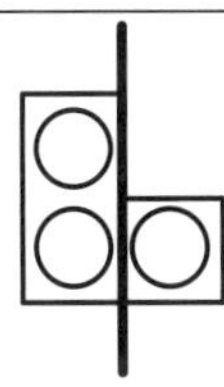 □ ○ □ ○ □
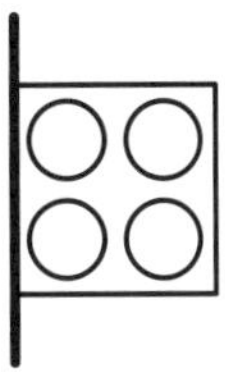 □ ○ □ ○ □	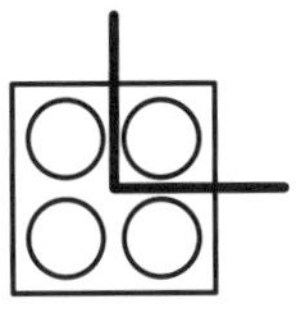 □ ○ □ ○ □	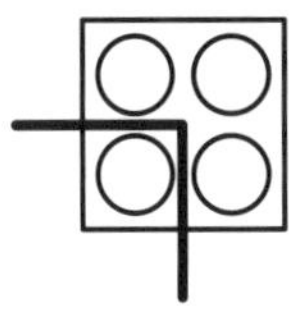 □ ○ □ ○ □
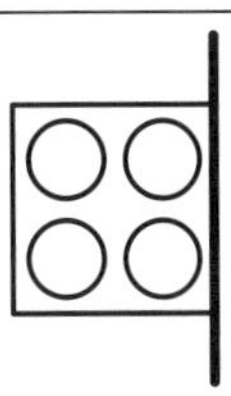 □ ○ □ ○ □	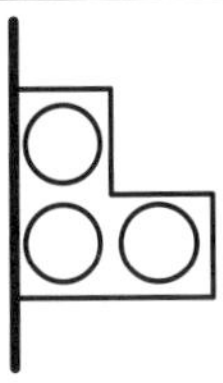 □ ○ □ ○ □	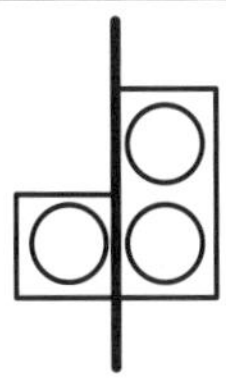 □ ○ □ ○ □

Zerlege und rechne!

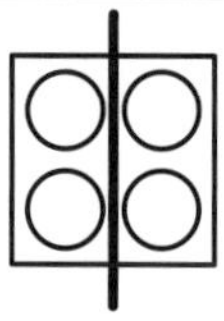 $4 = 2 + □$	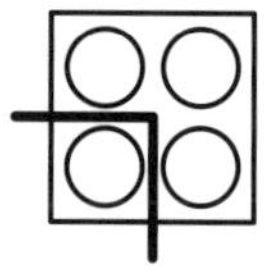 $4 = □ + 3$	
$4 = 3 + □$	$3 = 2 + □$	$2 = 1 + □$
$4 = 2 + □$	$4 = 0 + □$	$3 = 1 + □$
$4 = □ + 4$	$4 = □ + 1$	$4 = 1 + □$
$4 = 4 + □$	$4 = □ + 0$	$1 = 0 + □$
$4 = 1 + □$	$3 = 0 + □$	$3 = □ + 2$
$3 = □ + 1$	$4 = □ + 2$	$3 = 3 + □$
$2 = 0 + □$	$3 = □ + 3$	$4 = □ + 3$

Windmühlen-Aufgaben

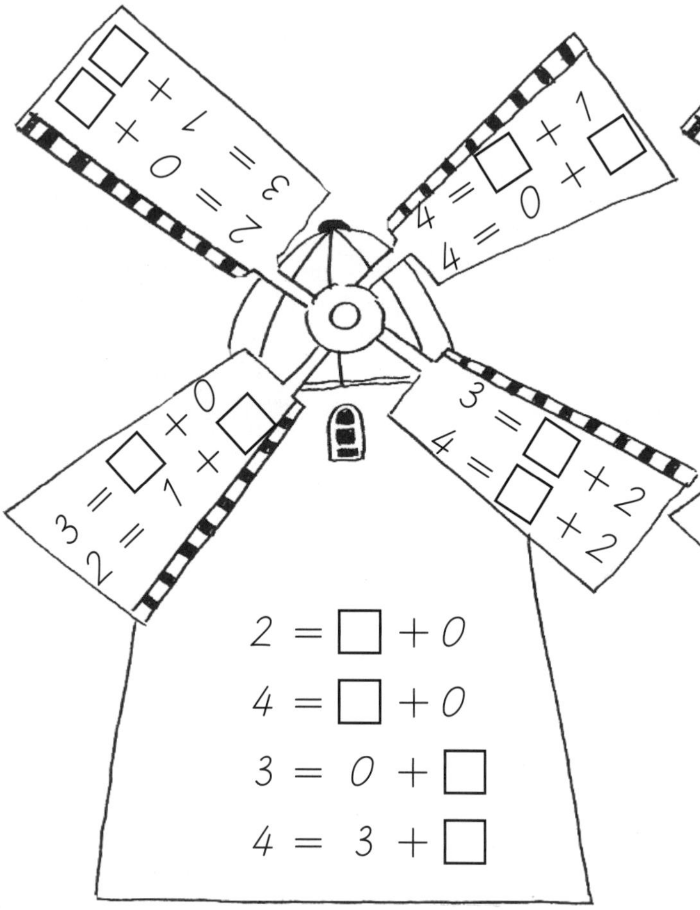

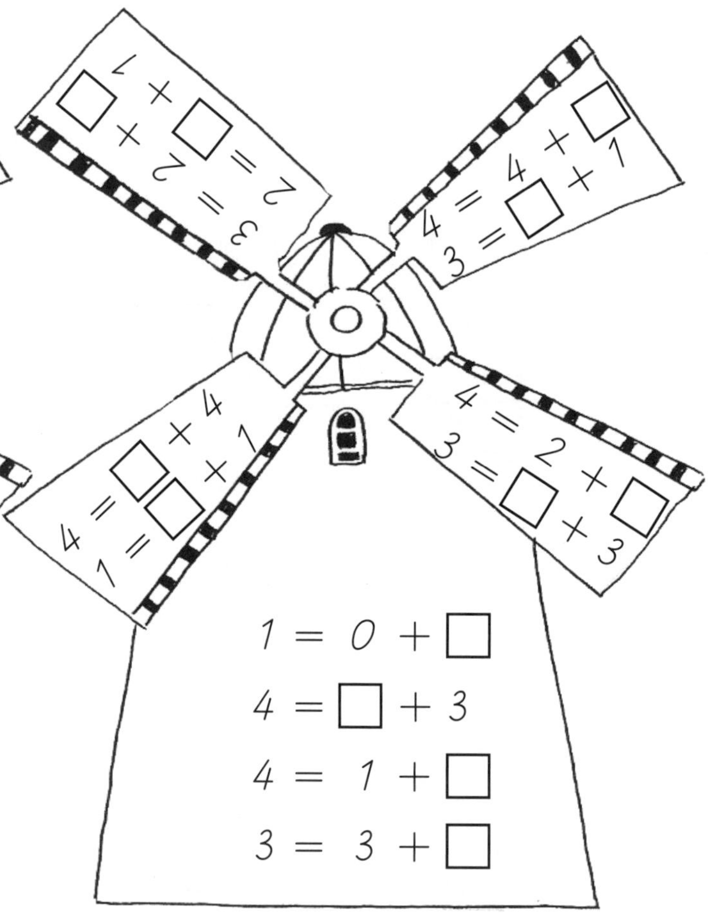

Was passiert? ⊕, ⊖ oder  ?

4 

Gemischte Aufgaben

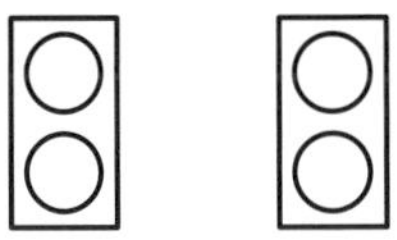 $2 + 2 = \square$	 $4 - 1 = \square$	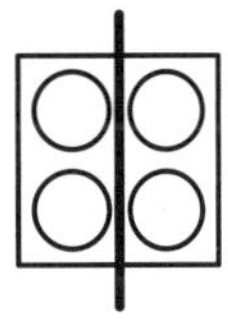 $4 = 2 + \square$
 $3 - 3 = \square$	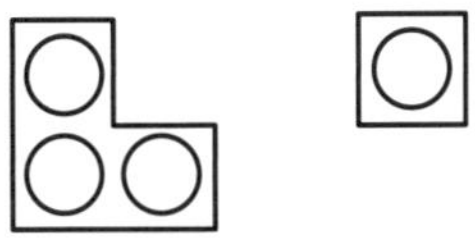 $3 + 1 = \square$	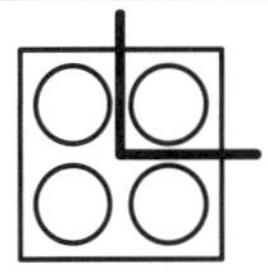 $4 = \square + 1$
 $1 + 1 = \square$	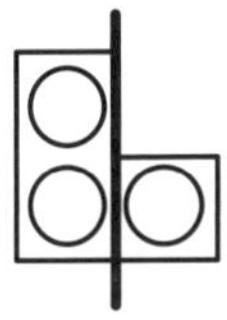 $3 = 2 + \square$	 $4 - 4 = \square$

Achtung: Was passiert?

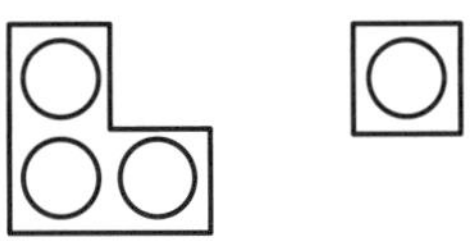 □ ○ □ ○ □	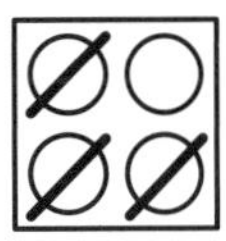 □ ○ □ ○ □	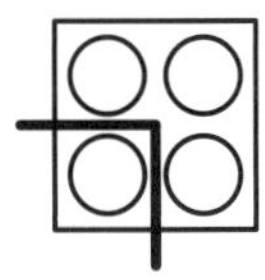 □ ○ □ ○ □
 □ ○ □ ○ □	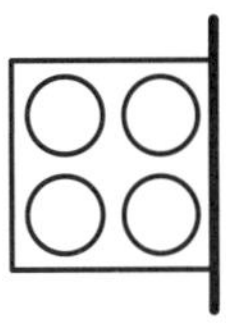 □ ○ □ ○ □	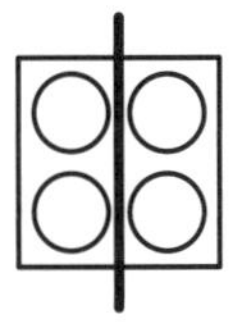 □ ○ □ ○ □
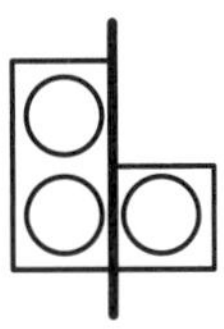 □ ○ □ ○ □	 □ ○ □ ○ □	 □ ○ □ ○ □

4 Gemischte Aufgaben

Wie viele Goldstücke sind versteckt?

3 ☐

☐ ☐

☐ ☐

☐ ☐

Wie viele Goldstücke sind noch im Beutel?

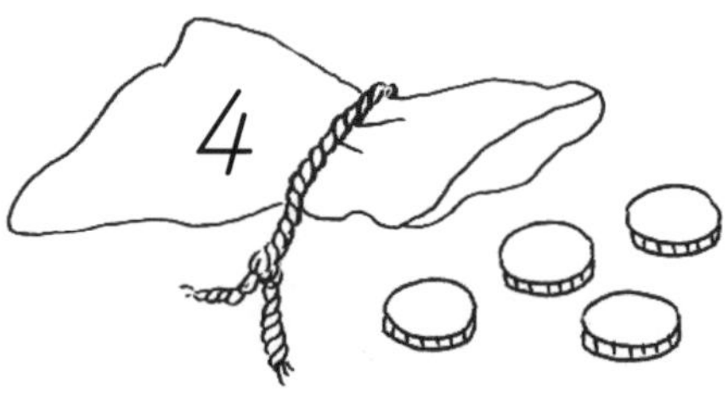

☐ 4

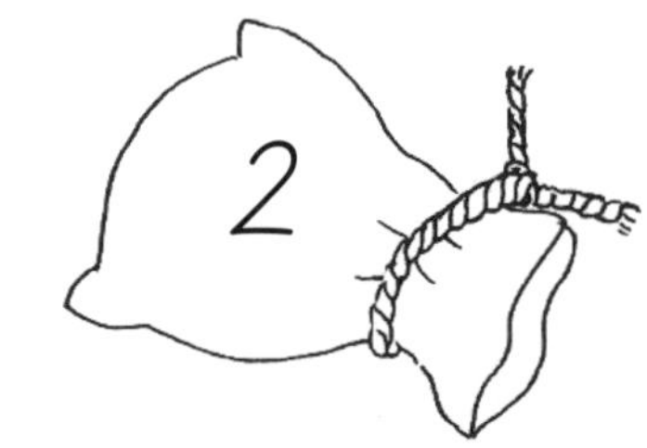

☐ ☐

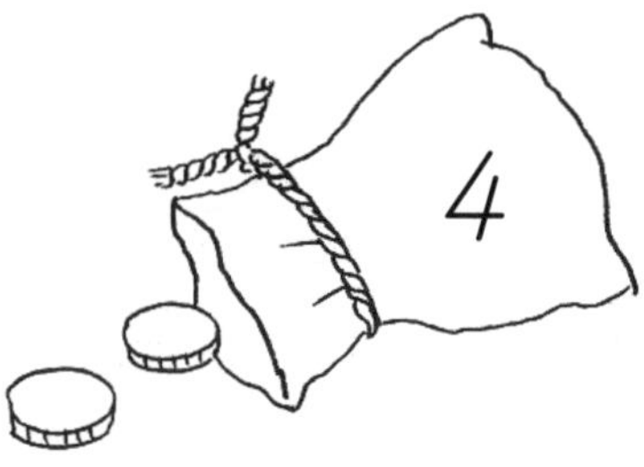

☐ ☐

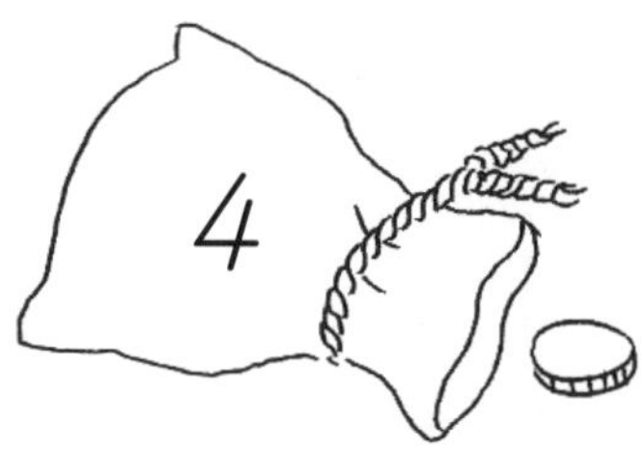

☐ ☐

Kistler/Schneider: Rechnen ohne Stolperstein, Band 1B. Illustrationen: Kristina Klotz

Drei Freunde gehören zusammen:

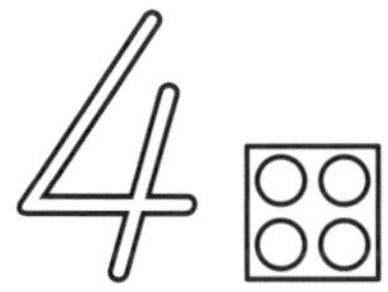

Gemischte Aufgaben

3 + 1 = □

1 + □ = □

□ − □ = □

□ − □ = □

□ = □ + □

□ = □ + □

□ + □ = □

□ + □ = □

□ − □ = □

□ − □ = □

□ = □ + □

□ = □ + □

* Hilfreiche Fragen: Was bleibt gleich? Was verändert sich? (siehe S. 6)

Drei Freundinnen gehören zusammen:

4 Gemischte Aufgaben

4 + 0 = □

0 + □ = □

□ − □ = □

□ − □ = □

□ = □ + □

□ = □ + □

Drei Freunde: Welcher Freund fehlt?

1 + □ = 4	4 − □ = 2
□ − 3 = 1	2 + □ = 4
□ + 4 = 4	4 = 1 + □
□ = 0 + 4	
4 − 3 = □	
4 = □ + 3	

Kistler/Schneider: Rechnen ohne Stolperstein, Band 1B. Illustrationen: Kristina Klotz

4 Gemischte Aufgaben

Die drei Freunde helfen dir!

$4 - 3 = \square$	$3 - 2 = \square$	
$3 = 2 + \square$	$2 = \square + 1$	
$\square - 1 = 0$	$\square - 2 = 1$	

$4 - 2 = \square$	$2 + 1 = \square$	$4 = 1 + \square$
$1 + \square = 4$	$4 - 1 = \square$	$2 + \square = 4$
$4 = 2 + \square$	$4 = \square + 1$	$1 + 3 = \square$
$3 + 1 = \square$	$4 + \square = 4$	$\square - 3 = 1$

Rechne und male richtig an!

$2 + \square = 3$ $1 + \square = 3$ $4 - 4 = \square$ $3 - \square = 1$

$2 + 2 = \square$ $4 = \square + 2$ $4 - 2 = \square$ $3 + \square = 4$

$2 + \square = 2$ $4 = 3 + \square$ $1 + 2 = \square$ $\square - 1 = 3$

0	1	2	3	4
rot	gelb	blau	grün	lila

Rechengeschichten

4

Kistler / Schneider: Rechnen ohne Stolperstein, Band 1B. Illustrationen: Kristina Klotz

Rechengeschichten

4

5 Finger hat die Hand!

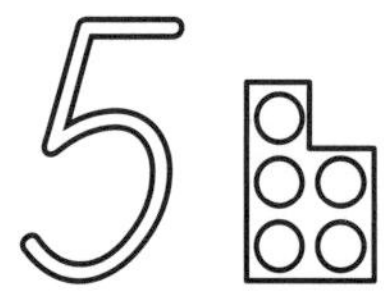

Mengenbildung

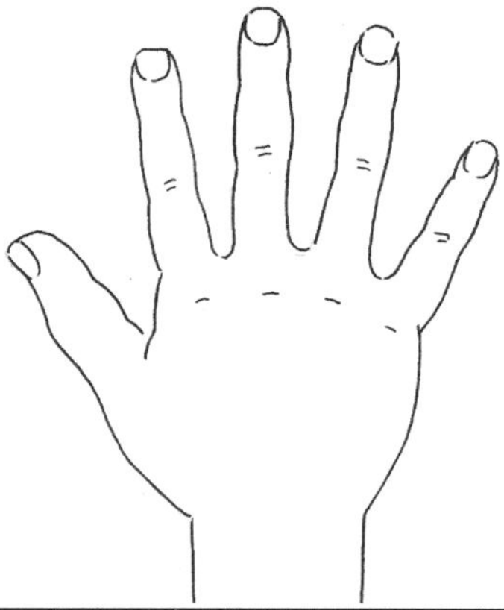

Male nur aus, wenn es 5 Dinge sind!

Kreise immer 5 Kreisel ein!

Jede Hand hat 5 Finger! Male.

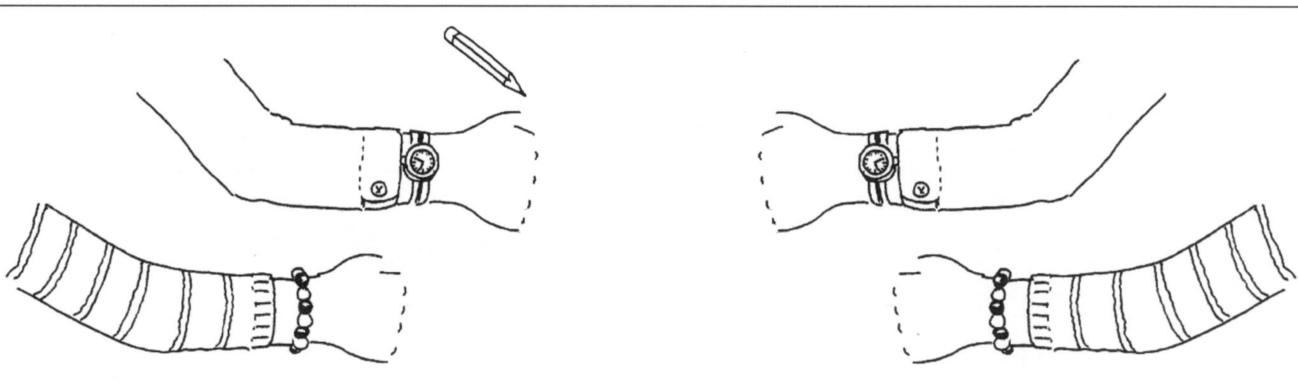

Kistler/Schneider: Rechnen ohne Stolperstein, Band 1B. Illustrationen: Kristina Klotz

Male alle 5er-Plättchen an!

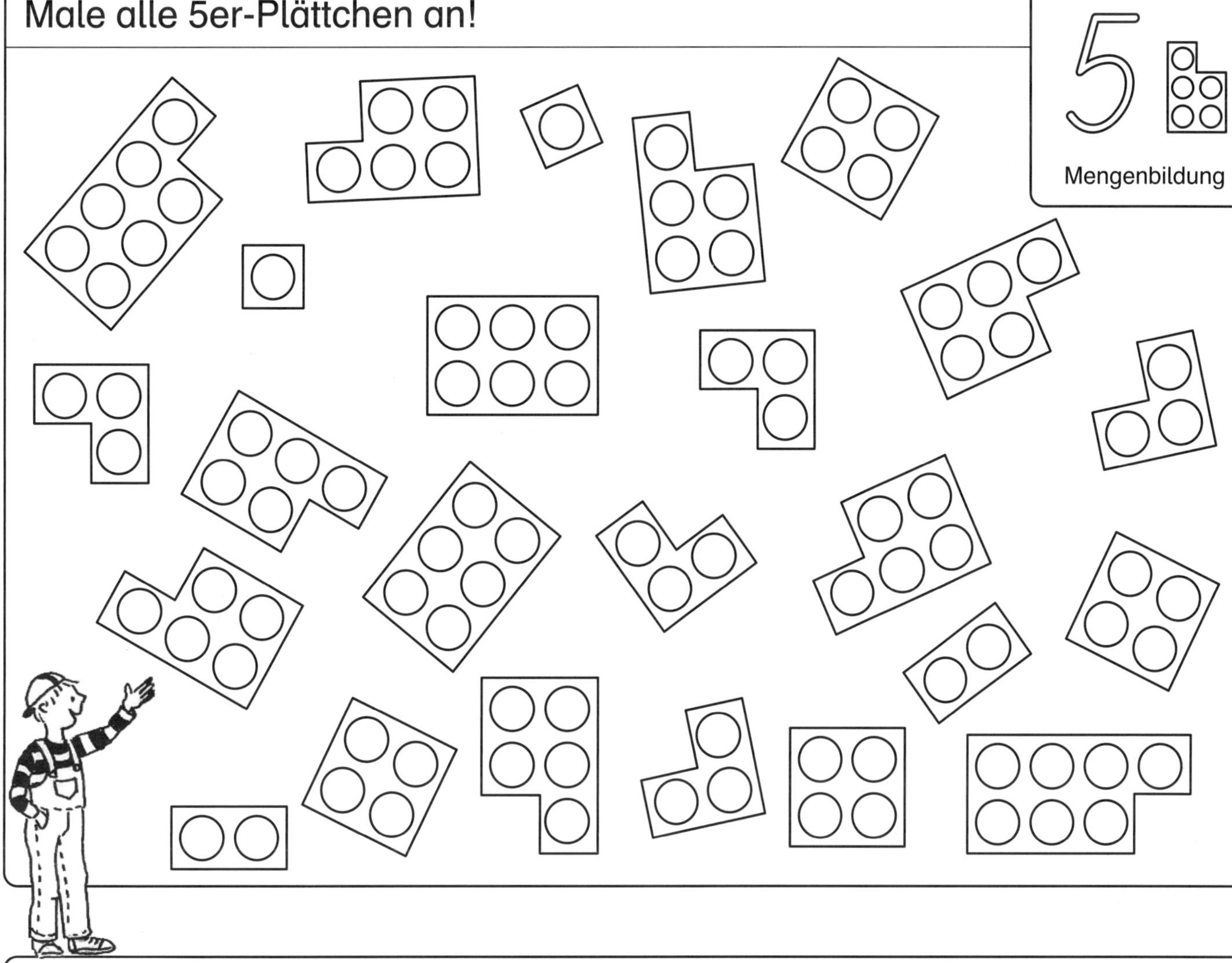

Mengenbildung

Male ein Muster: Jedes 5er-Plättchen in einer anderen Farbe!

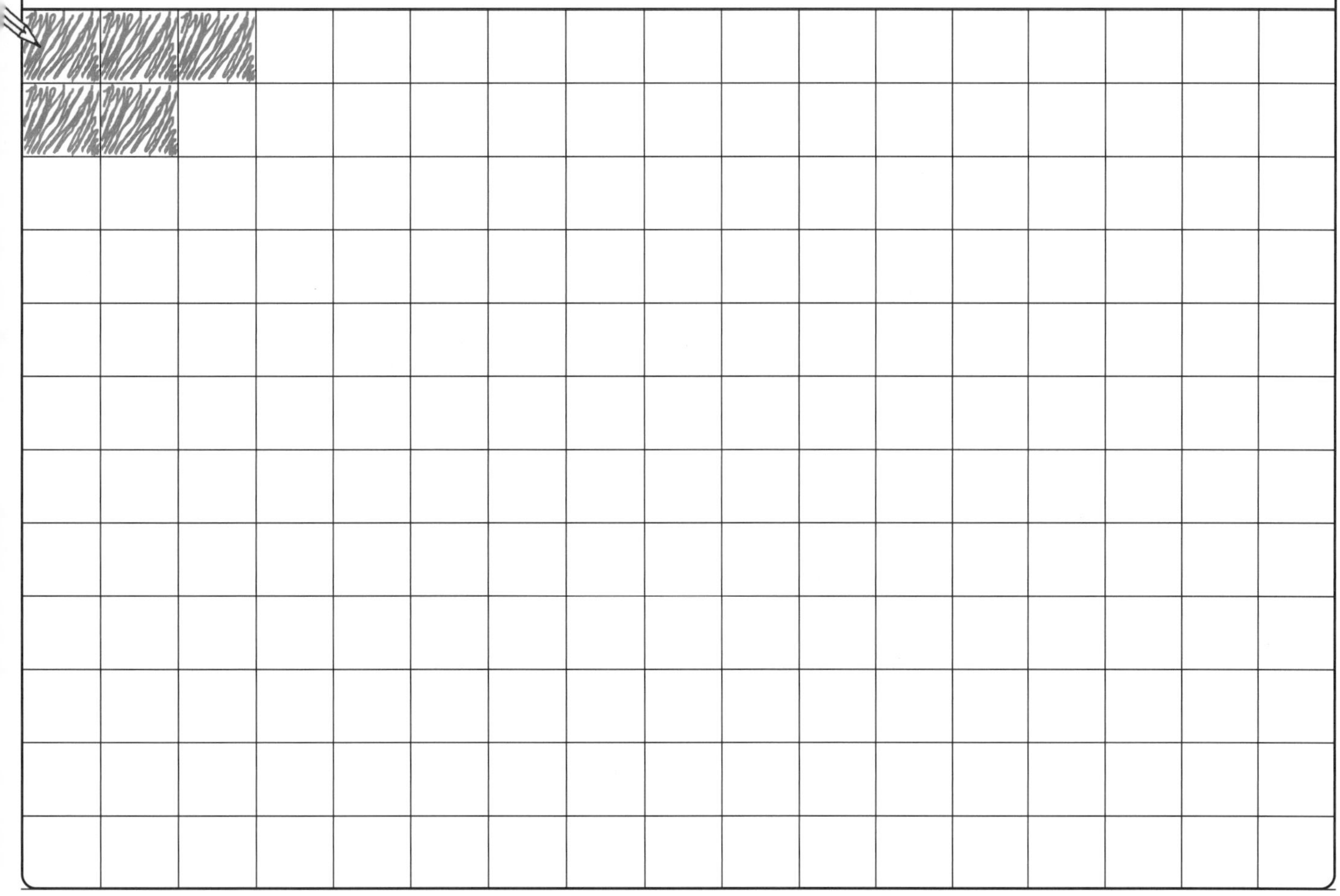

Spure nach und schreibe!

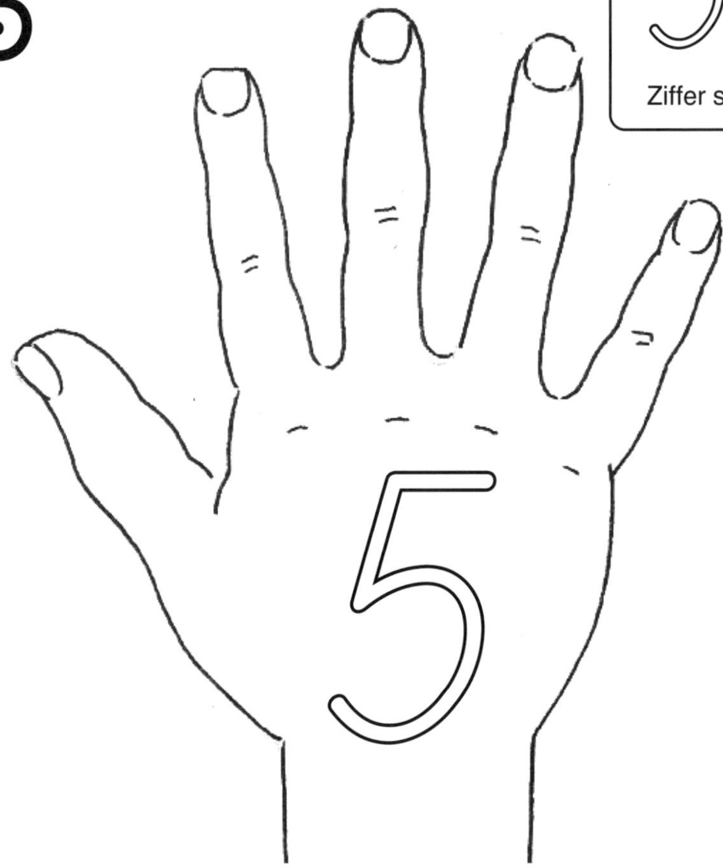

Ziffer schreiben

Kistler/Schneider: Rechnen ohne Stolperstein, Band 1B. Illustrationen: Kristina Klotz

Male die Punkte und schreibe die richtige Zahl dazu!

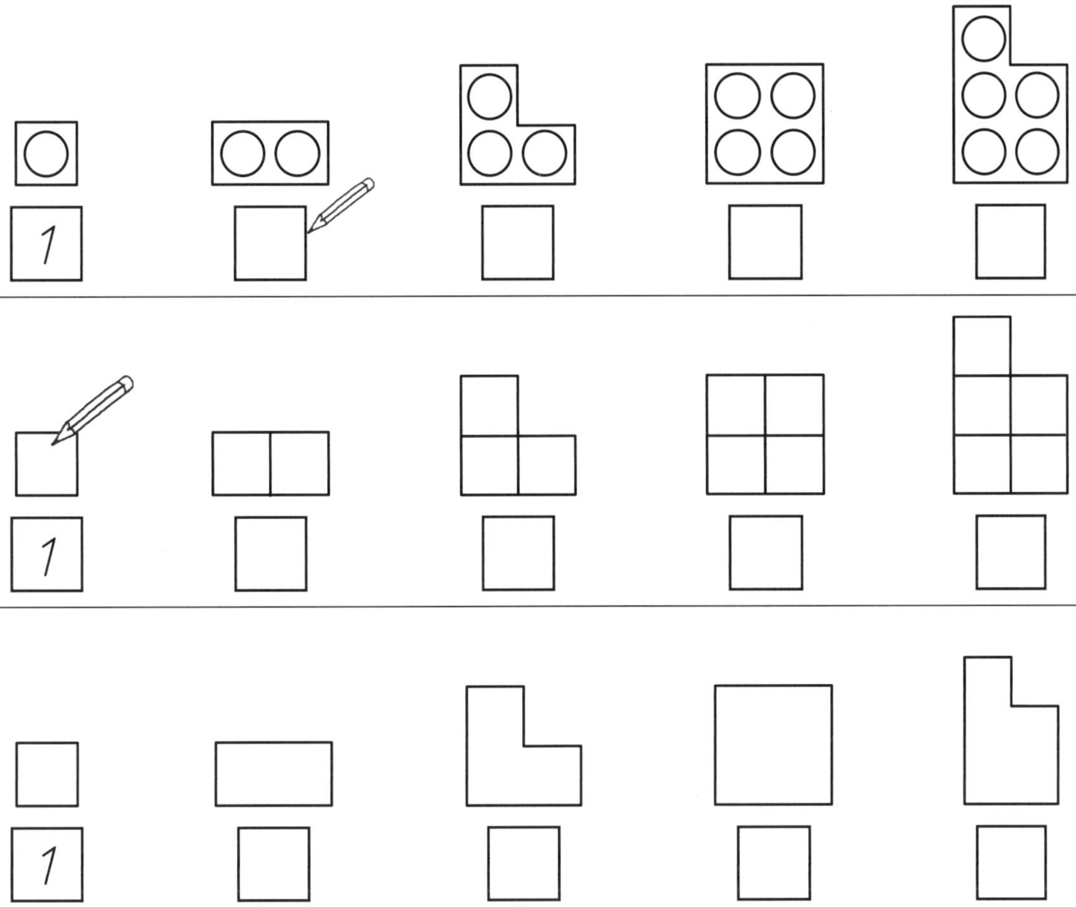

Verbinde in der richtigen Reihenfolge!

Du kennst dich bis 5 gut aus!

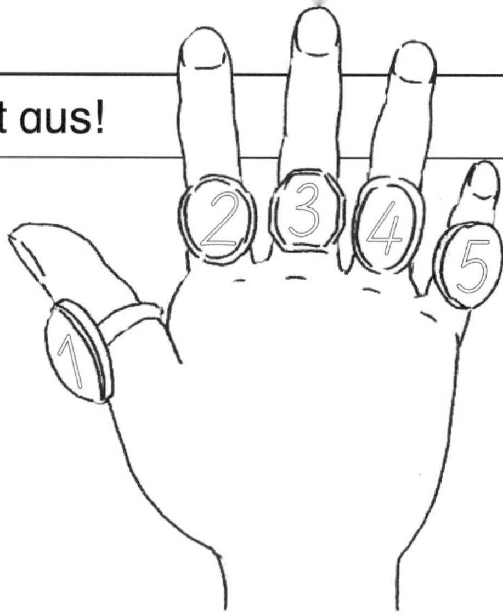

5

Orientierung

Welche Zahlen fehlen?

Nachbar-Autos

2	

1		3
	2	
3	2	

4	

	3	
3	4	
5		3

	4

2		4
		5
4		2

Kistler/Schneider: Rechnen ohne Stolperstein, Band 1B. Illustrationen: Kristina Klotz

Wir vergleichen: 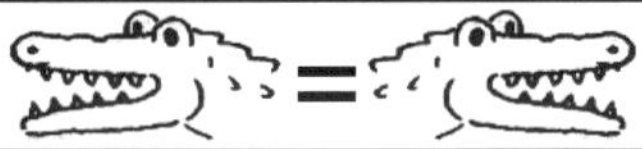

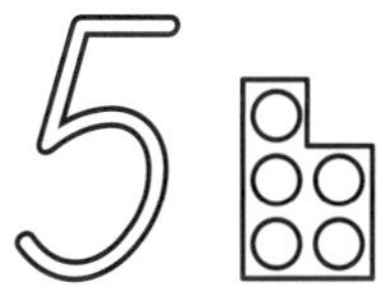

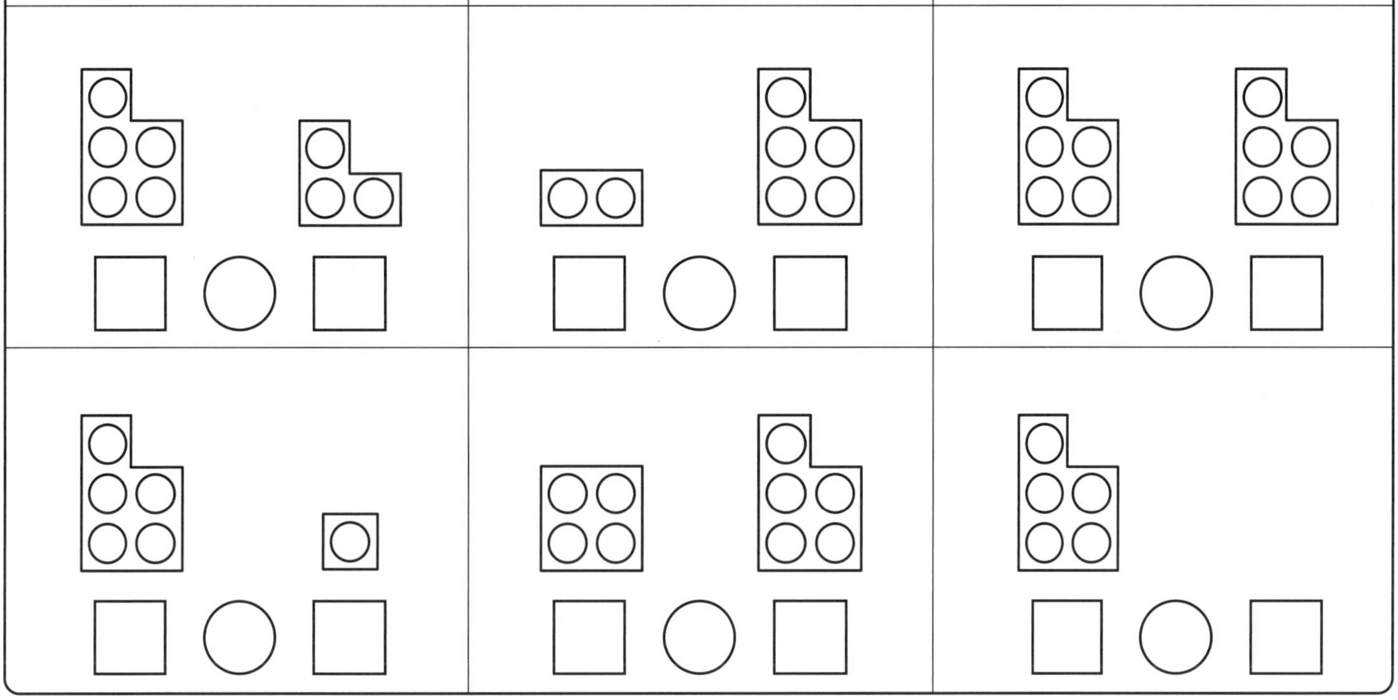

Kleiner, größer oder gleich?

5 ○ 4	3 ○ 4	5 ○ 5	4 ○ 5
0 ○ 5	5 ○ 2	4 ○ 2	2 ○ 4
5 ○ 3	2 ○ 5	3 ○ 5	4 ○ 3
1 ○ 5	5 ○ 1	4 ○ 4	5 ○ 0

Finde eine passende Lösung!

5 > □	4 > □	2 < □	5 > □
1 < □	4 = □	5 = □	3 < □
4 < □	5 > □	4 > □	5 = □

Wir zerlegen:

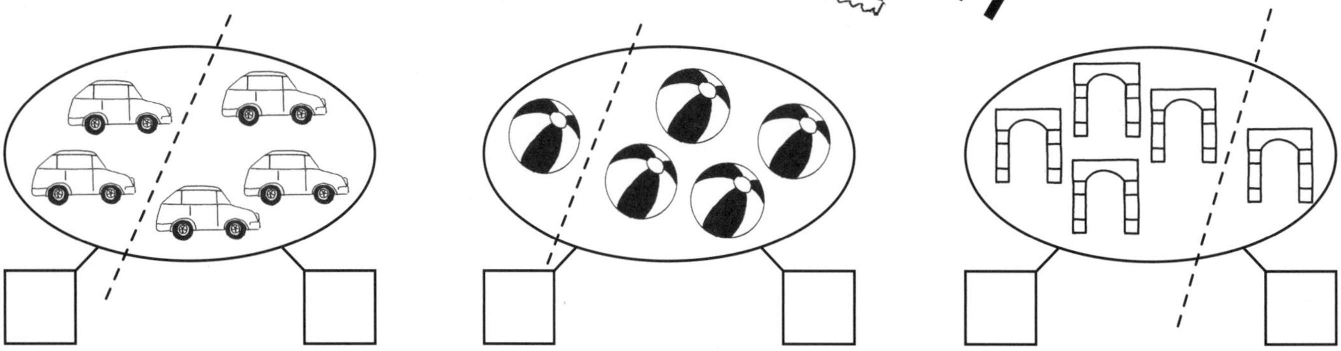

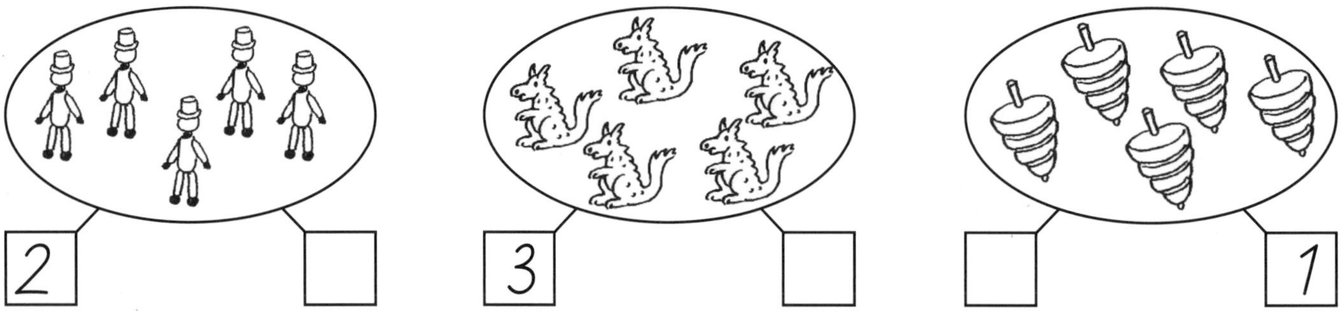

Wie ist die 5 zerlegt?

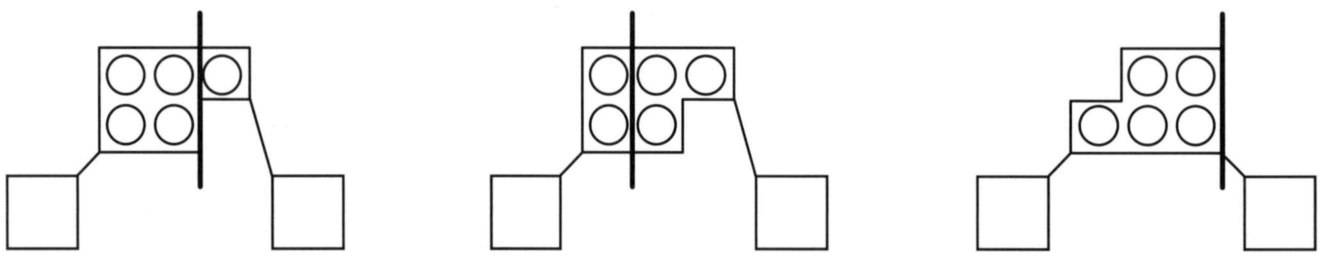

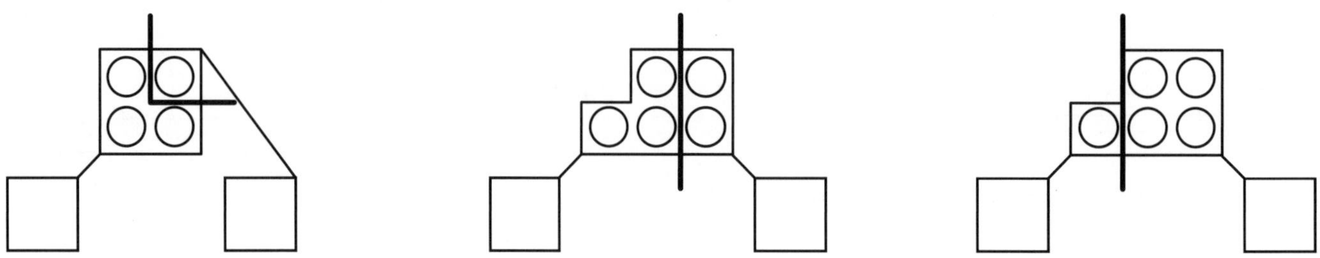

Zerlege selbst!

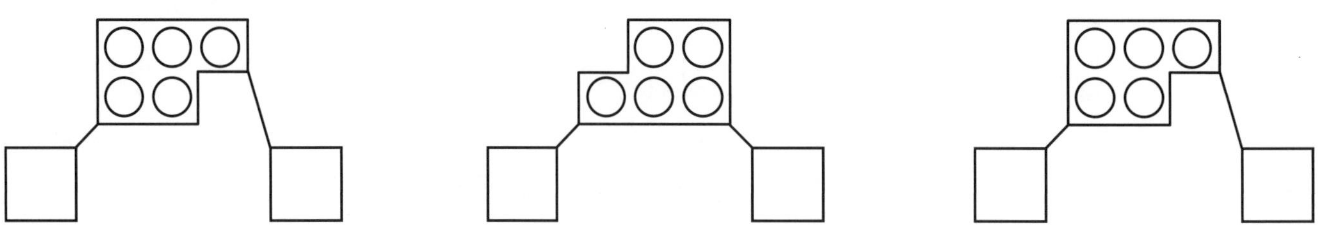

Kistler/Schneider: Rechnen ohne Stolperstein, Band 1B. Illustrationen: Kristina Klotz

⊕ Plus: Es werden mehr!

3 + 2 = □

□ ○ □ ○ □

□ ○ □ ○ □

Rechnen mit Plättchen!

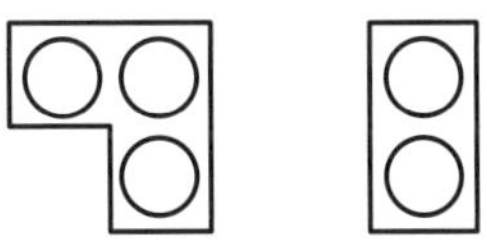

3 + 2 = □

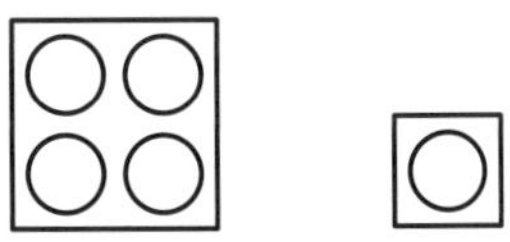

4 + 1 = □

3 + 1 = □

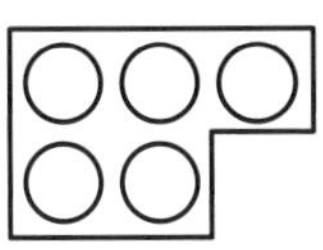

5 + 0 = □

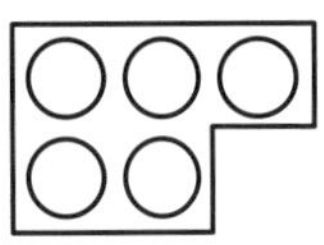

0 + 5 = □

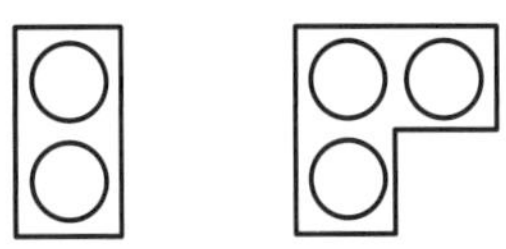

2 + 3 = □

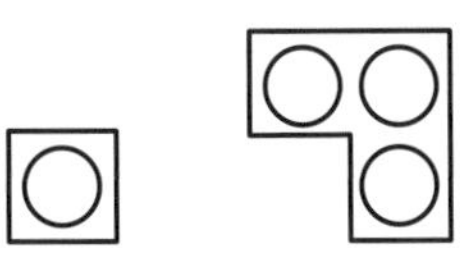

1 + 3 = □

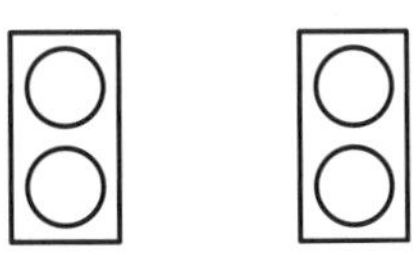

2 + 2 = □

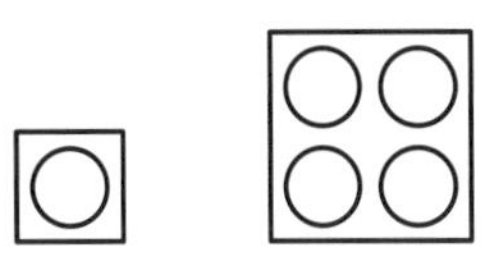

1 + 4 = □

5

Male die Plättchen und rechne!

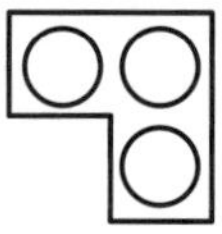 $3 + 2 = \square$	 $2 + 2 = \square$	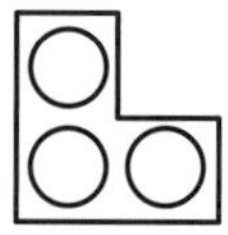 $3 + 0 = \square$
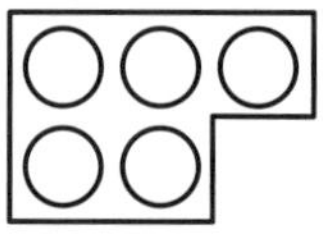 $5 + 0 = \square$	 $1 + 4 = \square$	 $2 + 3 = \square$
$0 + 5 = \square$	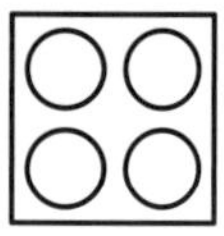 $4 + 1 = \square$	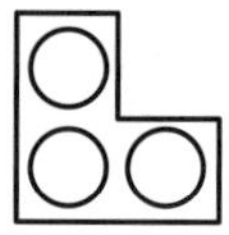 $3 + 1 = \square$

Male die Rechnung!

$4 + 1 = \square$	$2 + 1 = \square$	$1 + 4 = \square$
$1 + 3 = \square$	$0 + 5 = \square$	$3 + 2 = \square$
$2 + 3 = \square$	$2 + 2 = \square$	$5 + 0 = \square$

Kistler/Schneider: Rechnen ohne Stolperstein, Band 1B. Illustrationen: Kristina Klotz

5 +

Wie heißt die Rechnung?

□ ○ □ ○ □	□ ○ □ ○ □	□ ○ □ ○ □
□ ○ □ ○ □	□ ○ □ ○ □	□ ○ □ ○ □
□ ○ □ ○ □	□ ○ □ ○ □	□ ○ □ ○ □

Denke an die Plättchen und rechne!

$0 + 5 = \square$	$4 + 1 = \square$	$0 + 4 = \square$
$1 + 4 = \square$	$5 + 0 = \square$	$1 + 3 = \square$
$2 + 3 = \square$	$3 + 2 = \square$	$3 + 1 = \square$

Finde selbst Aufgaben!

$\square + \square = 5$	$\square + \square = 4$	$\square + \square = 3$
$\square + \square = 5$	$\square + \square = 4$	$\square + \square = 3$
$\square + \square = 5$	$\square + \square = 4$	$\square + \square = 3$

Für Spürnasen: Rechne zuerst, finde dann eine passende Aufgabe!

5 ⊕

2 + 3 = □
3 + 1 = □
1 + 2 = □
□ ○ □ ○ □

0 + 2 = □
2 + 1 = □
2 + 2 = □
□ ○ □ ○ □

Kettenaufgaben

3 (aus 2 + 1)
2 + 1 + 2 = □

□
3 + 0 + 1 = □

□
1 + 4 + 0 = □

□
3 + 1 + 1 = □

□
4 + 0 + 1 = □

□
2 + 2 + 1 = □

Ballon-Aufgaben

0 + 5 = □
2 + 3 = □
4 + 1 = □
5 + 0 = □

1 + 1 = □
0 + 0 = □
3 + 1 = □
3 + 2 = □

0 + 1 = □
2 + 2 = □
1 + 2 = □
0 + 2 = □

1 + 3 = □
1 + 4 = □
1 + 0 = □
2 + 1 = □

2 + 0 = □
4 + 0 = □
0 + 4 = □
3 + 2 = □

Kistler/Schneider: Rechnen ohne Stolperstein, Band 1B. Illustrationen: Kristina Klotz

⊖ Minus: Es werden weniger!

5 − 3 = □

□ ○ □ ○ □

□ ○ □ ○ □

Rechnen mit Plättchen!

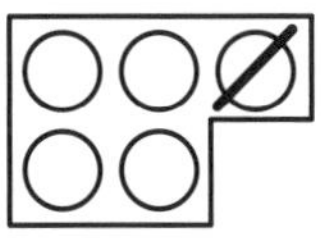

5 − 1 = □

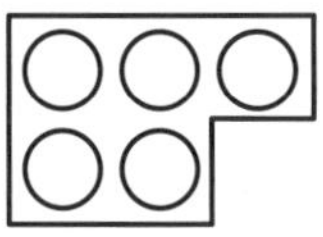

5 − 0 = □

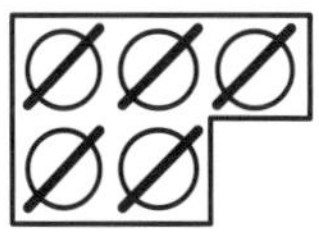

5 − 5 = □

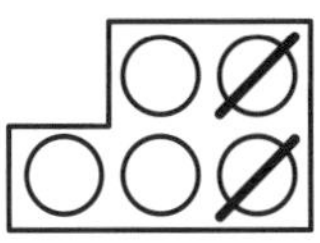

5 − 2 = □

4 − 1 = □

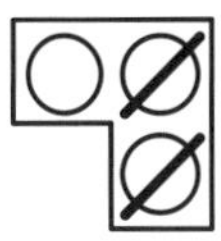

3 − 2 = □

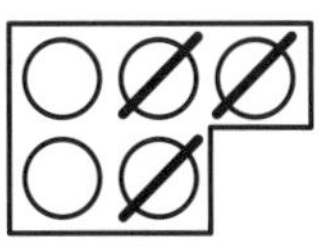

5 − 3 = □

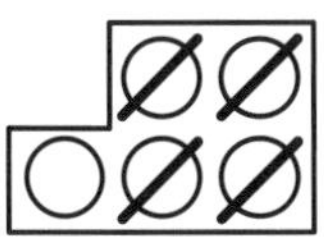

5 − 4 = □

4 − 2 = □

Streiche weg und rechne!

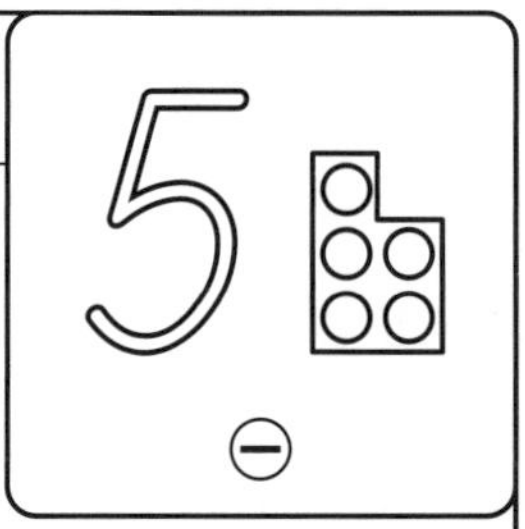

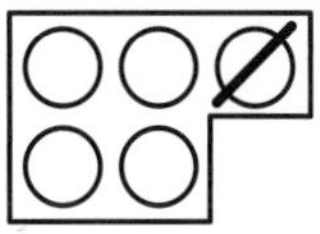 $5 - 1 = \square$	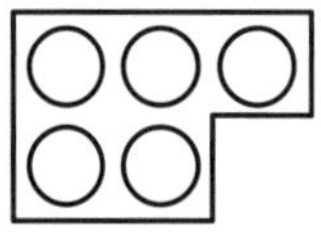 $5 - 0 = \square$	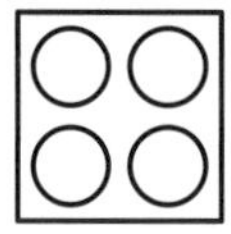 $4 - 3 = \square$
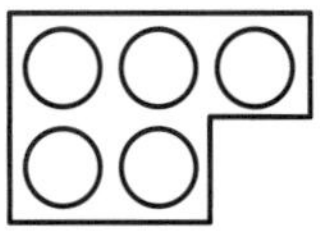 $5 - 3 = \square$	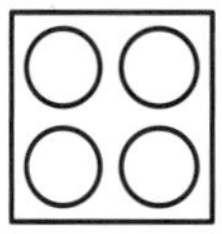 $4 - 4 = \square$	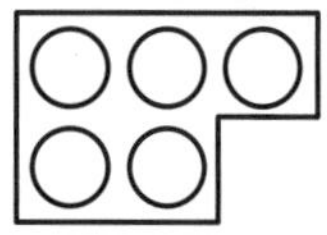 $5 - 5 = \square$
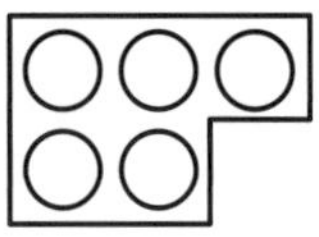 $5 - 2 = \square$	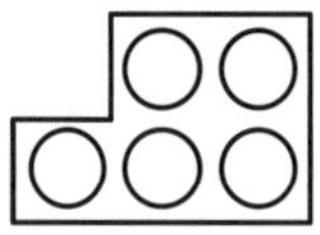 $5 - 4 = \square$	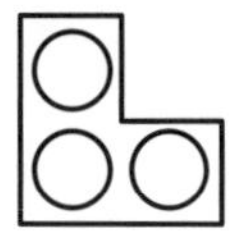 $3 - 2 = \square$

Male die Rechnung!

$5 - 4 = \square$	$4 - 2 = \square$	$5 - 1 = \square$
$5 - 5 = \square$	$5 - 2 = \square$	$3 - 3 = \square$
$5 - 3 = \square$	$5 - 0 = \square$	$4 - 1 = \square$

Kistler / Schneider: Rechnen ohne Stolperstein, Band 1B. Illustrationen: Kristina Klotz

Wie heißt die Rechnung?

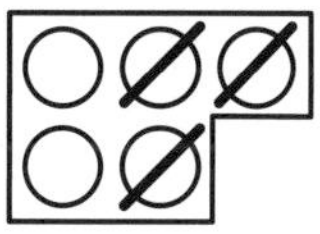

□ ○ □ ○ □

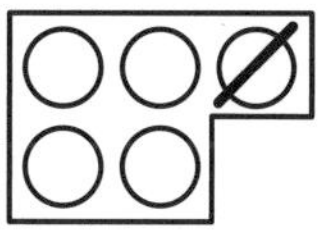

□ ○ □ ○ □

□ ○ □ ○ □

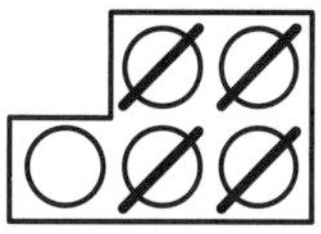

□ ○ □ ○ □

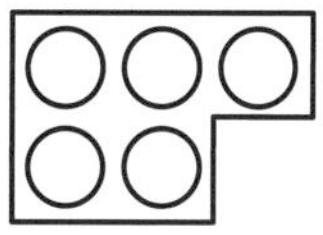

□ ○ □ ○ □

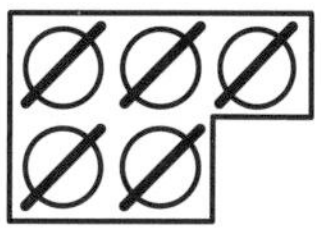

□ ○ □ ○ □

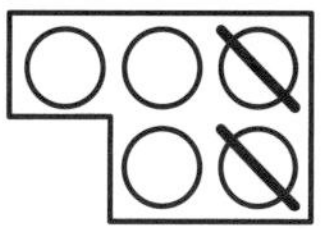

□ ○ □ ○ □

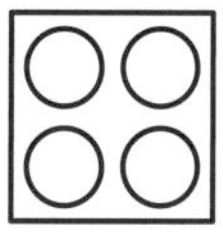

□ ○ □ ○ □

Denke an die Plättchen und rechne!

$5 - 0 = \square$	$5 - 2 = \square$	$5 - 4 = \square$
$4 - 2 = \square$	$5 - 3 = \square$	$3 - 2 = \square$
$5 - 1 = \square$	$4 - 4 = \square$	$5 - 5 = \square$

Finde selbst Aufgaben!

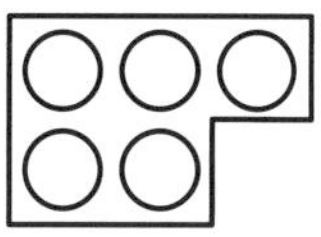

$5 - \square = \square$

$5 - \square = \square$

$5 - \square = \square$

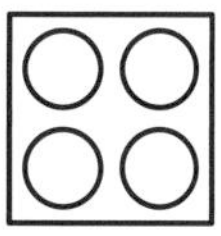

$4 - \square = \square$

$4 - \square = \square$

$4 - \square = \square$

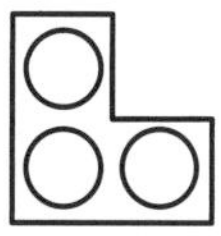

$3 - \square = \square$

$3 - \square = \square$

$3 - \square = \square$

5 ⊖

Für Spürnasen: Rechne zuerst, finde dann eine passende Aufgabe!

3 − 1 = ☐
4 − 1 = ☐
2 − 1 = ☐
☐ ◯ ☐ ◯ ☐

4 − 3 = ☐
5 − 4 = ☐
2 − 1 = ☐
☐ ◯ ☐ ◯ ☐

Kettenaufgaben

[2]
4 − 2 − 2 = ☐

☐
5 − 3 − 2 = ☐

☐
5 − 4 − 0 = ☐

☐
5 − 0 − 5 = ☐

☐
4 − 1 − 2 = ☐

☐
5 − 1 − 4 = ☐

Rechne und male richtig an!

0 = weiß
1 = blau
2 = rot
3 = schwarz
4 = grün
5 = gelb

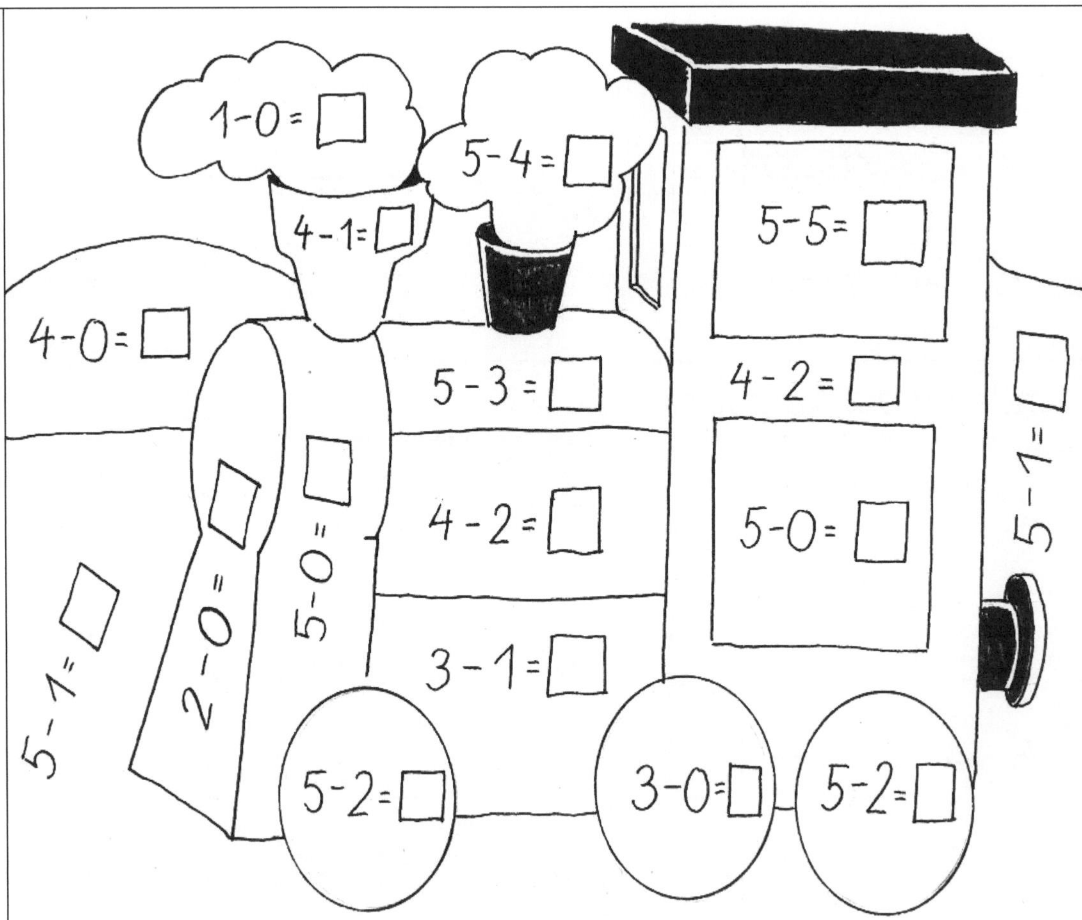

Kistler/Schneider: Rechnen ohne Stolperstein, Band 1B. Illustrationen: Kristina Klotz

Was passiert? Achte auf ⊕ und ⊖ !

$5 - 1 = \square$

$4 + 1 = \square$

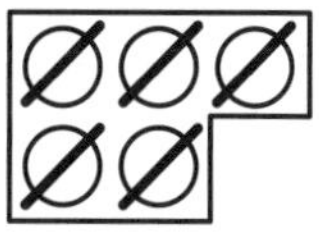

□ ○ □ ○ □

□ ○ □ ○ □

□ ○ □ ○ □

Male die Rechnung!

$5 - 4 = \square$	$4 + 1 = \square$	$2 + 3 = \square$
$5 - 5 = \square$	$1 + 4 = \square$	$5 - 2 = \square$
$3 + 2 = \square$	$5 - 3 = \square$	$5 - 1 = \square$

Dazu oder weg? Rechne!

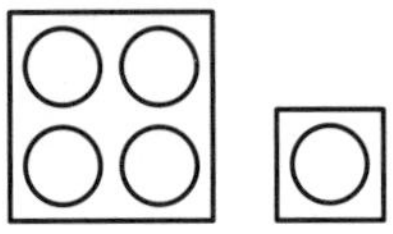

4 + 1 = □

4 − 4 = □

5 − 0 = □

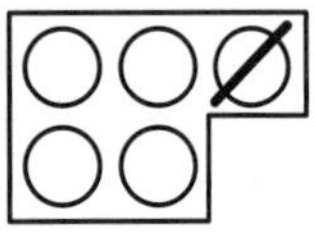

5 − 1 = □

2 + 3 = □

5 − 3 = □

1 + 4 = □

4 − 2 = □

4 + 0 = □

2 + 2 = □

5 + 0 = □

Kettenaufgaben

[1]

5 − 4 + 2 = □

□

2 + 3 − 1 = □

□

0 + 2 + 3 = □

□

4 − 3 + 4 = □

□

0 − 0 + 3 = □

□

2 + 1 + 0 = □

Rechne und male richtig an!

0 = weiß

1 = braun

2 = rot

3 = blau

4 = gelb

5 = grün

Kistler/Schneider: Rechnen ohne Stolperstein, Band 1B. Illustrationen: Kristina Klotz

Was passiert? ⊕ oder ⊖ ?

5 ◯ 3 = 2	3 ◯ 0 = 3	
3 ◯ 1 = 4	5 ◯ 1 = 4	
0 ◯ 2 = 2	4 ◯ 2 = 2	
4 ◯ 0 = 4	1 ◯ 3 = 4	
5 ◯ 5 = 0	5 ◯ 4 = 1	1 ◯ 2 = 3
3 ◯ 2 = 5	4 ◯ 3 = 1	2 ◯ 1 = 1
3 ◯ 2 = 1	1 ◯ 1 = 2	2 ◯ 3 = 5
1 ◯ 0 = 1	1 ◯ 1 = 0	2 ◯ 2 = 4

Finde selbst Aufgaben!

□ + □ = 5	□ − □ = 4	□ − □ = 3
□ − □ = 5	□ + □ = 4	□ + □ = 3
□ + □ = 5	□ + □ = 4	□ − □ = 3

Rechne mit dem Ergebnis weiter!

Zerlege und rechne!

$5 = 4 + \square$

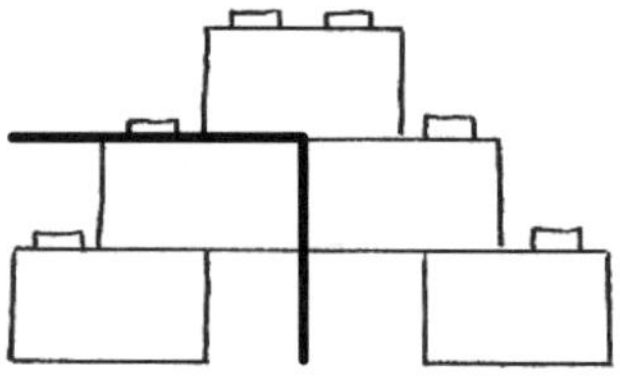 $5 = 2 + \square$	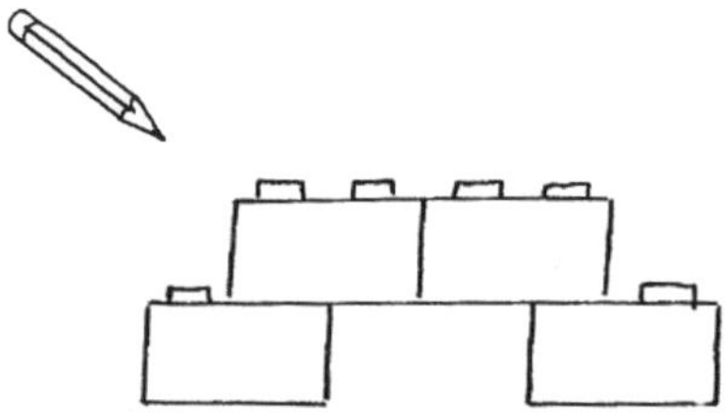 $4 = 2 + \square$	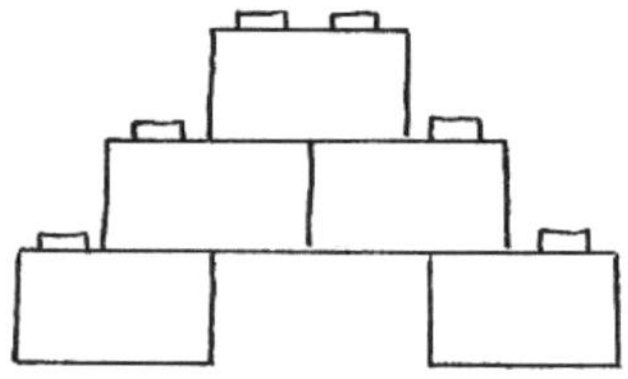 $5 = 3 + \square$

Zerlege und rechne!

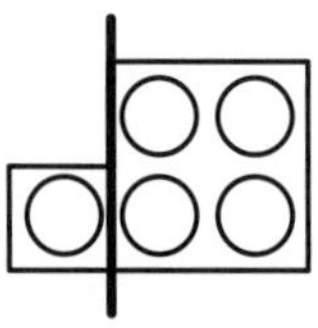 $5 = 1 + \square$	 $5 = \square + 2$	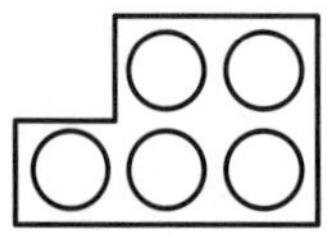 $5 = \square + 4$
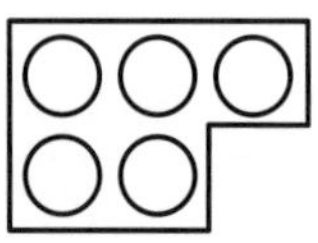 $5 = 2 + \square$	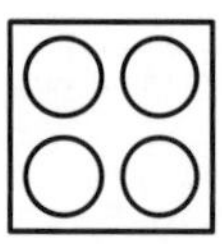 $4 = 3 + \square$	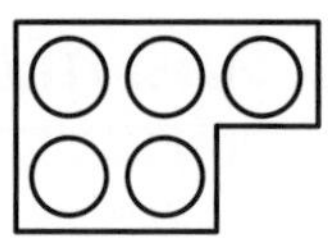 $5 = 5 + \square$
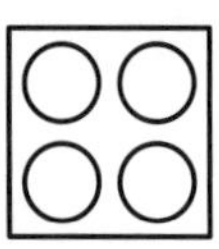 $4 = \square + 2$	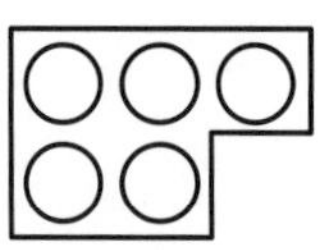 $5 = \square + 3$	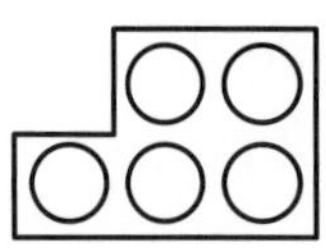 $5 = 0 + \square$

Kistler/Schneider: Rechnen ohne Stolperstein, Band 1B. Illustrationen: Kristina Klotz

Male die Rechnung!

5 = ☐ + 1	5 = 3 + ☐	
5 = 2 + ☐	4 = ☐ + 3	5 = 1 + ☐
5 = ☐ + 5	5 = ☐ + 0	5 = 4 + ☐

Wie heiβt die Rechnung?

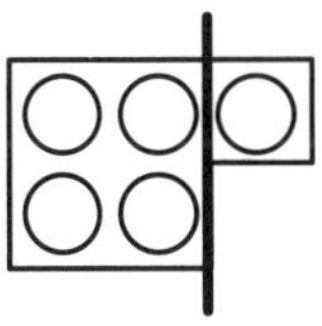 ☐ ◯ ☐ ◯ ☐	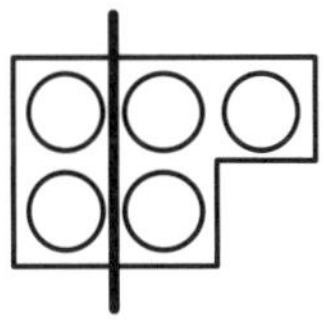 ☐ ◯ ☐ ◯ ☐	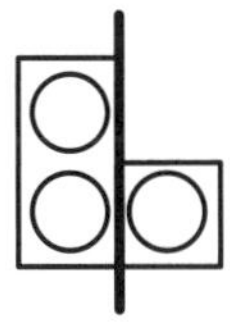 ☐ ◯ ☐ ◯ ☐
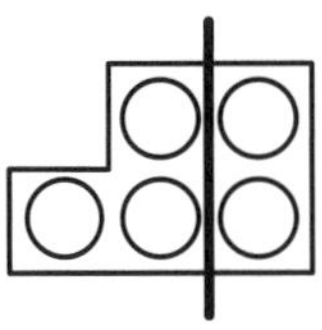 ☐ ◯ ☐ ◯ ☐	 ☐ ◯ ☐ ◯ ☐	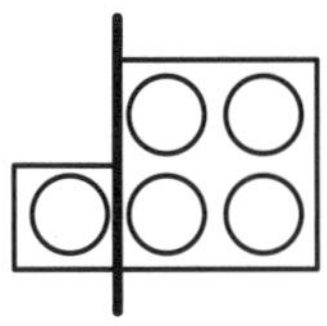 ☐ ◯ ☐ ◯ ☐
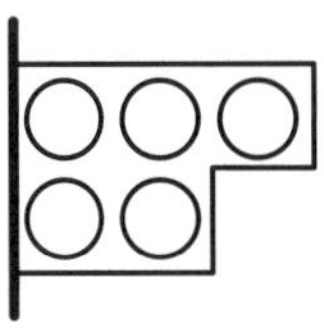 ☐ ◯ ☐ ◯ ☐	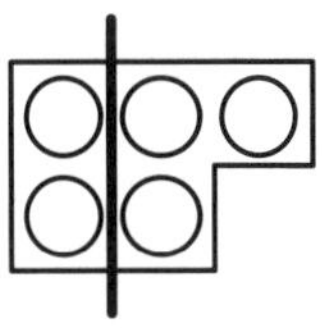 ☐ ◯ ☐ ◯ ☐	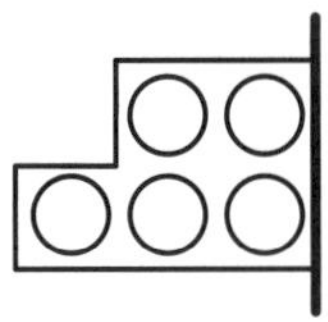 ☐ ◯ ☐ ◯ ☐

Zerlege und rechne!

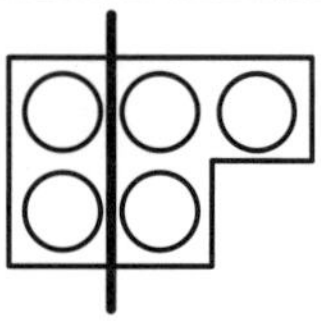

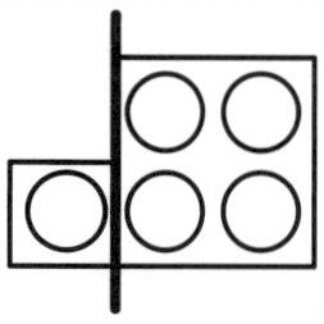

5 = 2 + □	5 = □ + 4	
5 = 1 + □	5 = □ + 5	3 = 1 + □
5 = □ + 2	5 = 5 + □	4 = 3 + □
4 = 2 + □	5 = □ + 1	5 = □ + 3
5 = 3 + □	4 = 4 + □	2 = 1 + □
5 = 4 + □	3 = □ + 1	5 = 0 + □
4 = □ + 2	2 = 2 + □	4 = □ + 4
5 = □ + 0	3 = □ + 2	4 = □ + 1

Kugel-Aufgaben

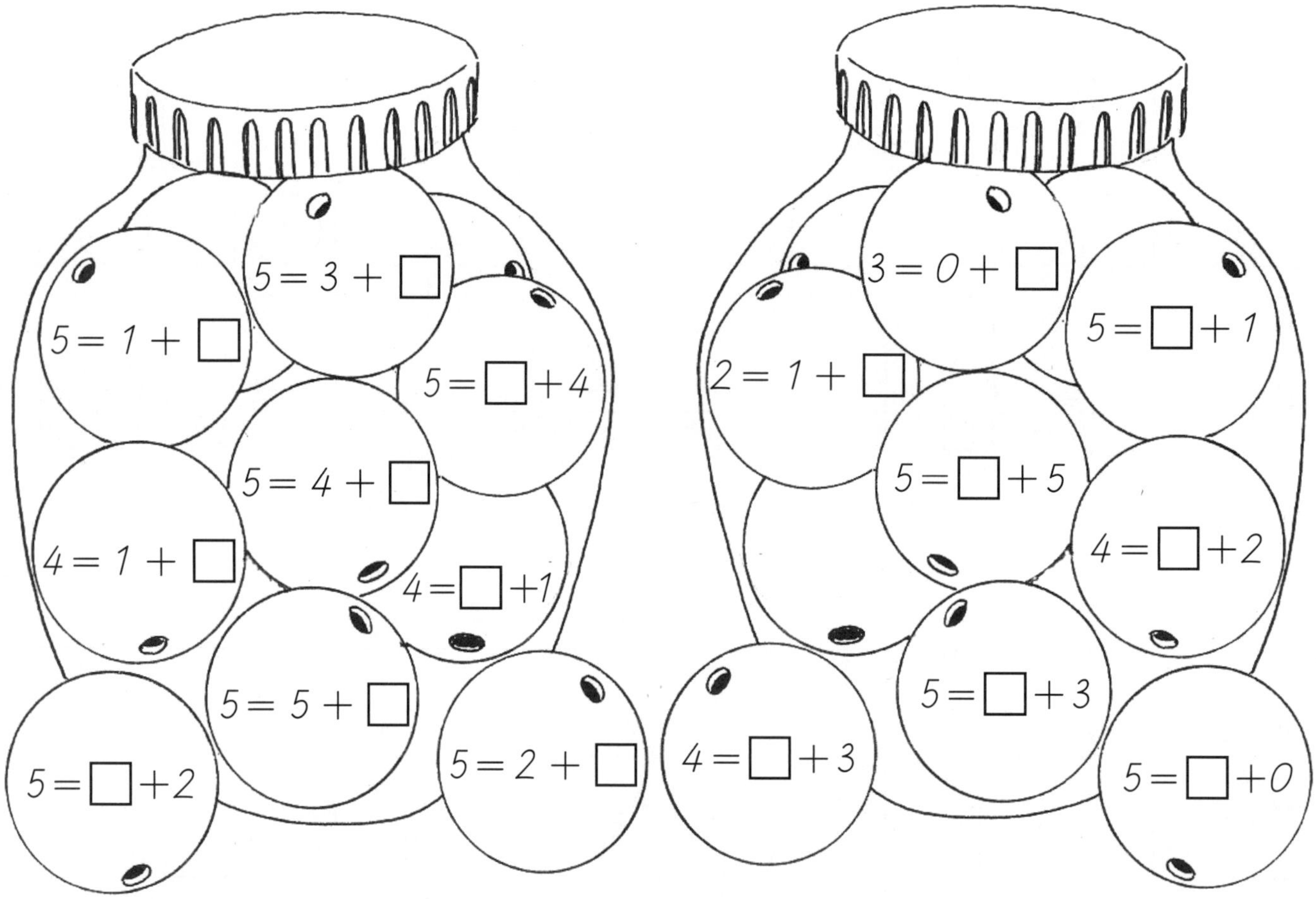

Kistler/Schneider: Rechnen ohne Stolperstein, Band 1B. Illustrationen: Kristina Klotz

Was passiert? ⊕, ⊖ oder ?

5 Gemischte Aufgaben

$3 + 2 = \square$	$5 - 2 = \square$	$5 = 2 + \square$
$4 - 2 = \square$	$1 + 3 = \square$	$4 + 1 = \square$
$5 = \square + 2$	$5 - 4 = \square$	$4 = 2 + \square$

Achtung: Was passiert?

□ ○ □ ○ □	□ ○ □ ○ □	□ ○ □ ○ □
□ ○ □ ○ □	□ ○ □ ○ □	□ ○ □ ○ □
□ ○ □ ○ □	□ ○ □ ○ □	□ ○ □ ○ □

5 Gemischte Aufgaben

Wie viele Diamanten sind versteckt?

Ich habe **5** Diamanten.

3 | ☐

Ich habe **5** Diamanten.

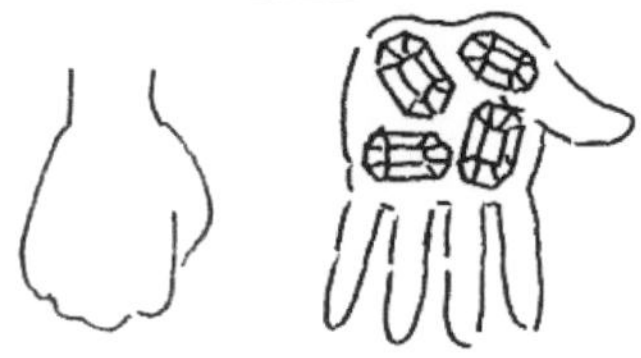

☐ | ☐

Ich habe **1** Diamanten.

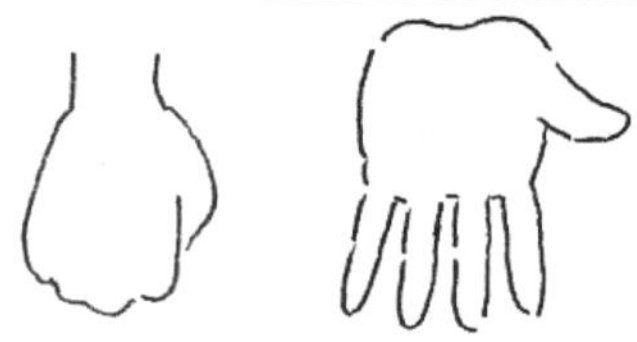

☐ | ☐

Ich habe **5** Diamanten.

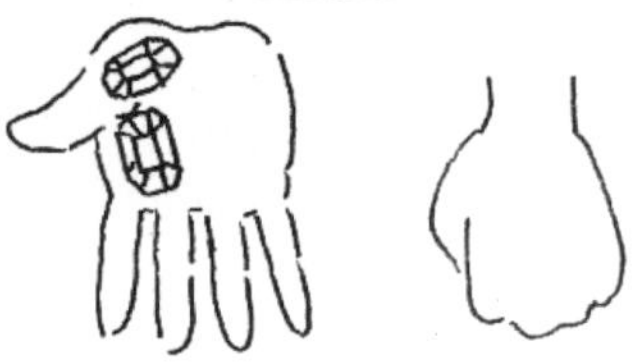

☐ | ☐

Ich habe **3** Diamanten.

☐ | ☐

Ich habe **5** Diamanten.

☐ | ☐

Wie viele Diamanten sind noch in dem Schatzkästchen?

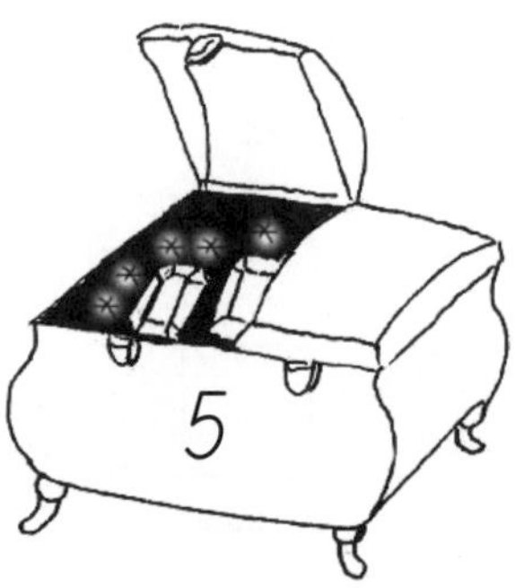

2 | ☐

☐ | ☐

☐ | ☐

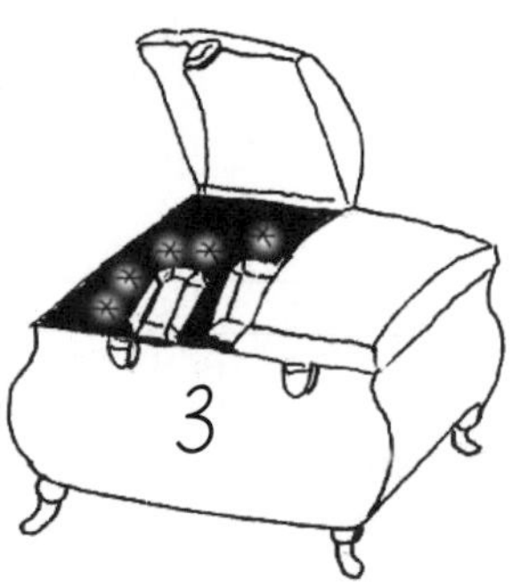

☐ | ☐

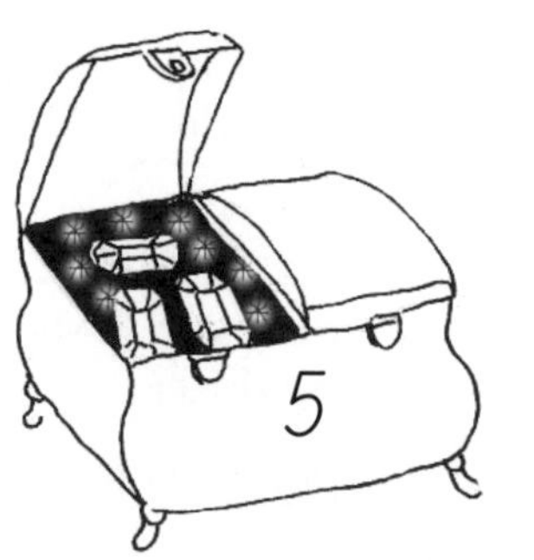

☐ | ☐

☐ | ☐

Kistler/Schneider: Rechnen ohne Stolperstein, Band 1B. Illustrationen: Kristina Klotz

Drei Freundinnen gehören zusammen:

5

Gemischte Aufgaben

4 + 1 = ☐

1 + ☐ = ☐

☐ − ☐ = ☐

☐ − ☐ = ☐

☐ = ☐ + ☐

☐ = ☐ + ☐

Wo ist die große Freundin?*

☐ + ☐ = ☐

☐ + ☐ = ☐

☐ − ☐ = ☐

☐ − ☐ = ☐

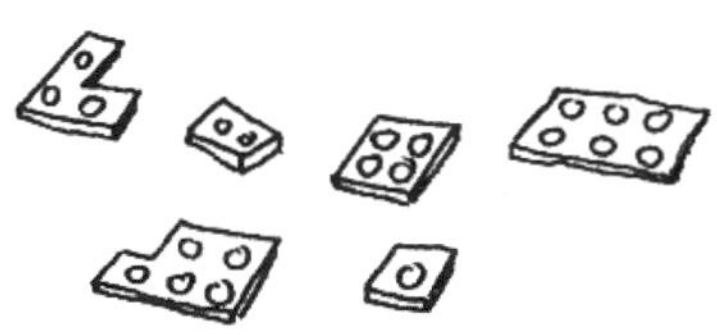

☐ = ☐ + ☐

☐ = ☐ + ☐

Ich kontrolliere mit Plättchen!

* Hilfreiche Fragen: Was bleibt gleich? Was verändert sich? (siehe S. 6)

Drei Freunde gehören zusammen:

5 Gemischte Aufgaben

5 + 0 = □

0 + □ = □

□ − □ = □

□ − □ = □

□ = □ + □

□ = □ + □

Drei Freunde: Welcher Freund fehlt?

3 + □ = 5

□ − 4 = 1

□ + 0 = 5

□ = 3 + 2

5 − 2 = □

5 = □ + 1

5 − □ = 1

2 + 3 = □

5 = 3 + □

Kistler/Schneider: Rechnen ohne Stolperstein, Band 1B. Illustrationen: Kristina Klotz

Die drei Freundinnen helfen dir!

2 + 3 = □ 5 − 4 = □ □ − 3 = 2	5 = 2 + □ 3 + □ = 5 □ − 1 = 4	
1 + □ = 5 5 − 3 = □ 2 + 1 = □ 4 = 2 + □	4 + □ = 5 1 + 4 = □ 5 = 0 + □ 3 + □ = 4	□ − 0 = 5 3 + □ = 4 4 − 4 = □ 5 = □ + 2

Rechne!

Tauschaufgaben

5 Gemischte Aufgaben

$2 + 3 =$ ☐

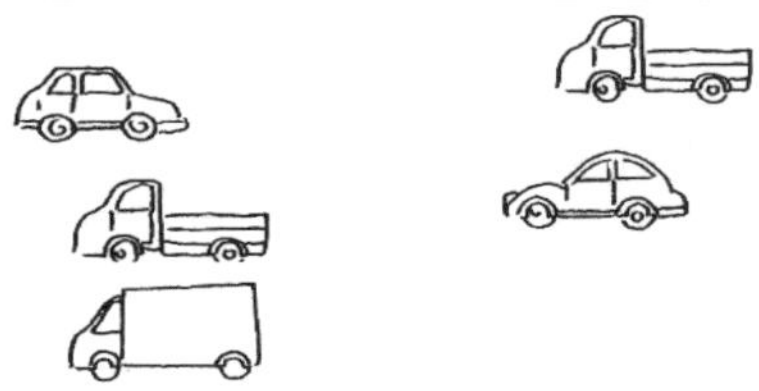

$3 + 2 =$ ☐

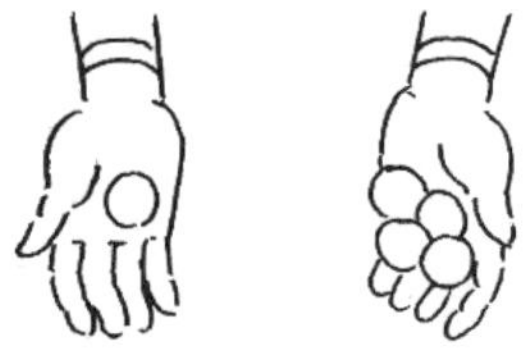

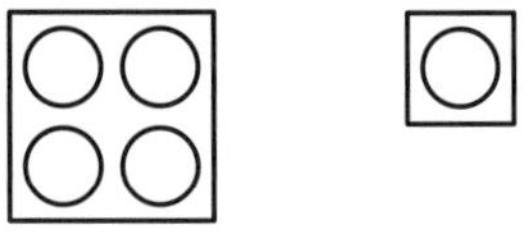

Tausche und male selbst!

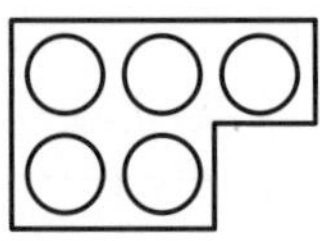

$3 + 2 =$ ☐

$2 + 1 =$ ☐

Kistler/Schneider: Rechnen ohne Stolperstein, Band 1B. Illustrationen: Kristina Klotz

Rechengeschichten

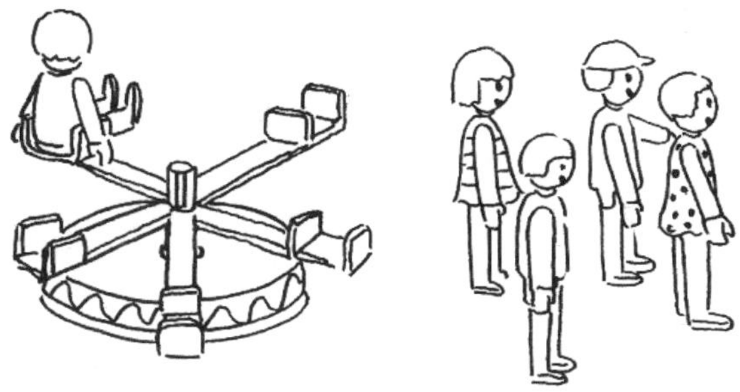

Rechengeschichten

5

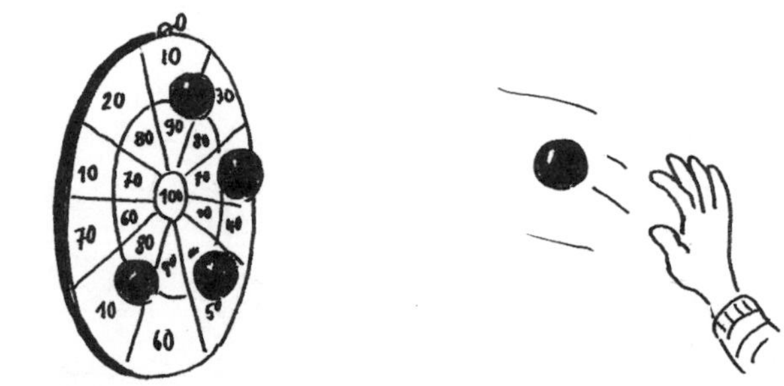

Kistler/Schneider: Rechnen ohne Stolperstein, Band 1B. Illustrationen: Kristina Klotz

6 Beine hat der Käfer!

6

Mengenbildung

Welche Schuhe gehören dem Käfer? Male sie an!

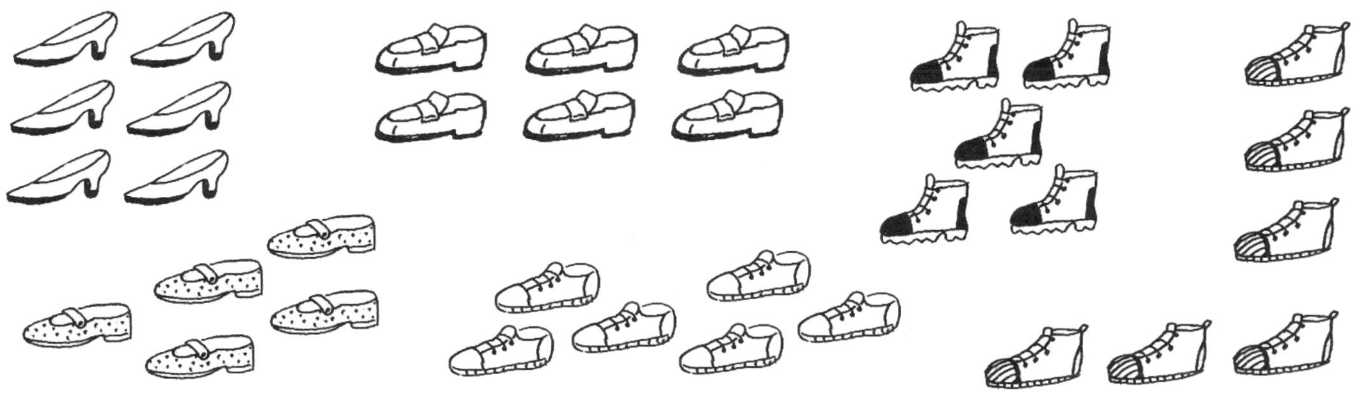

Der Käfer braucht 6 Socken! Kreise immer 6 Socken ein.

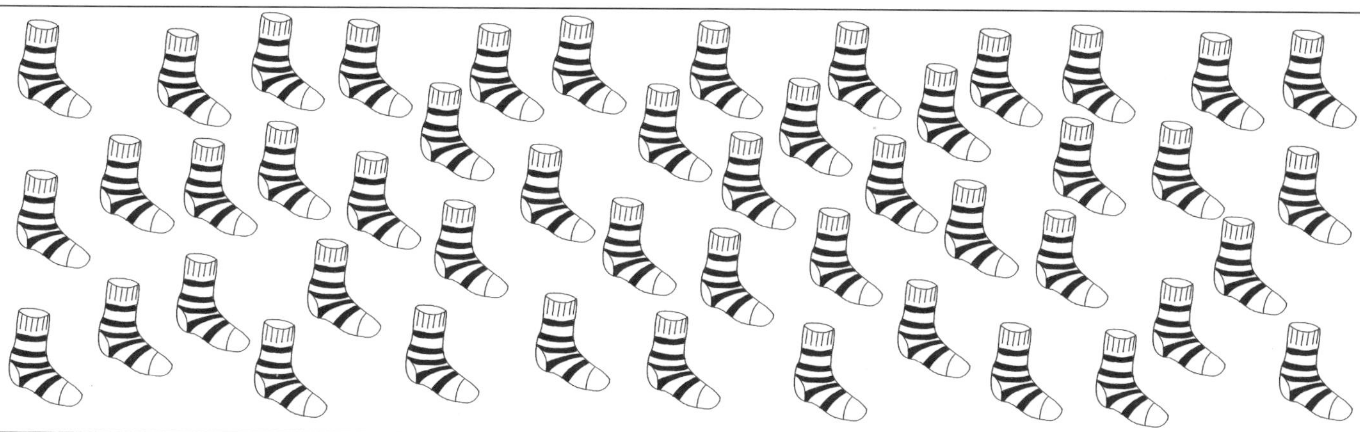

Jeder Käfer hat 6 Beine! Male.

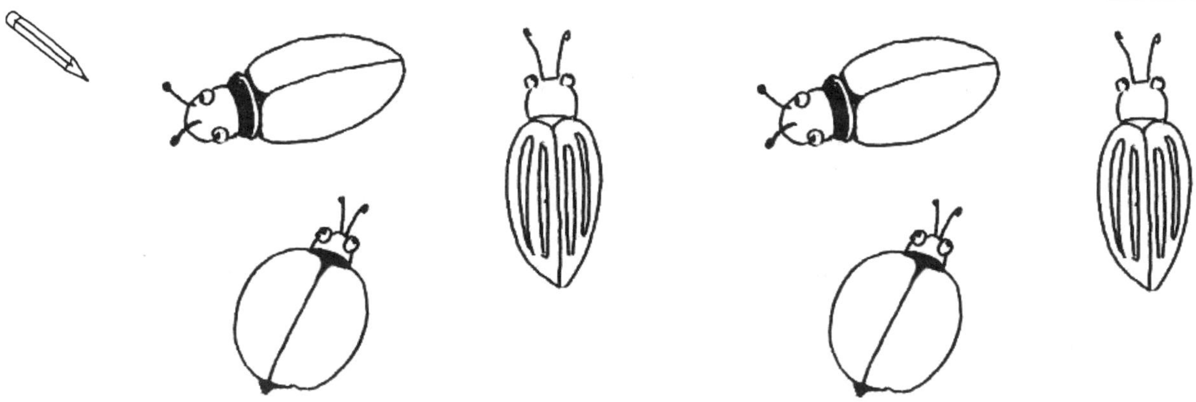

Male alle 6er-Plättchen an!

6 Mengenbildung

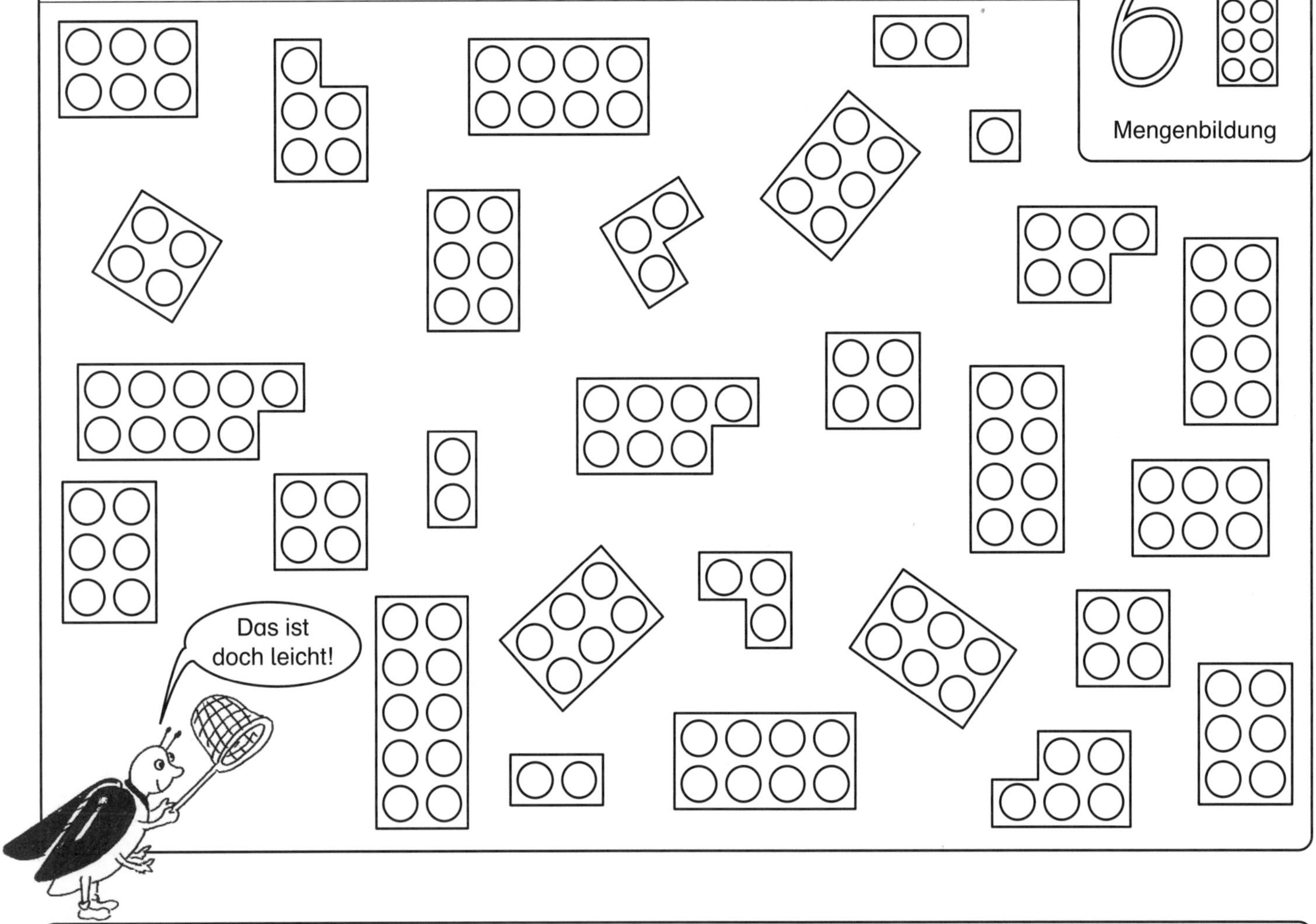

Rahme 6er-Plättchen ein!

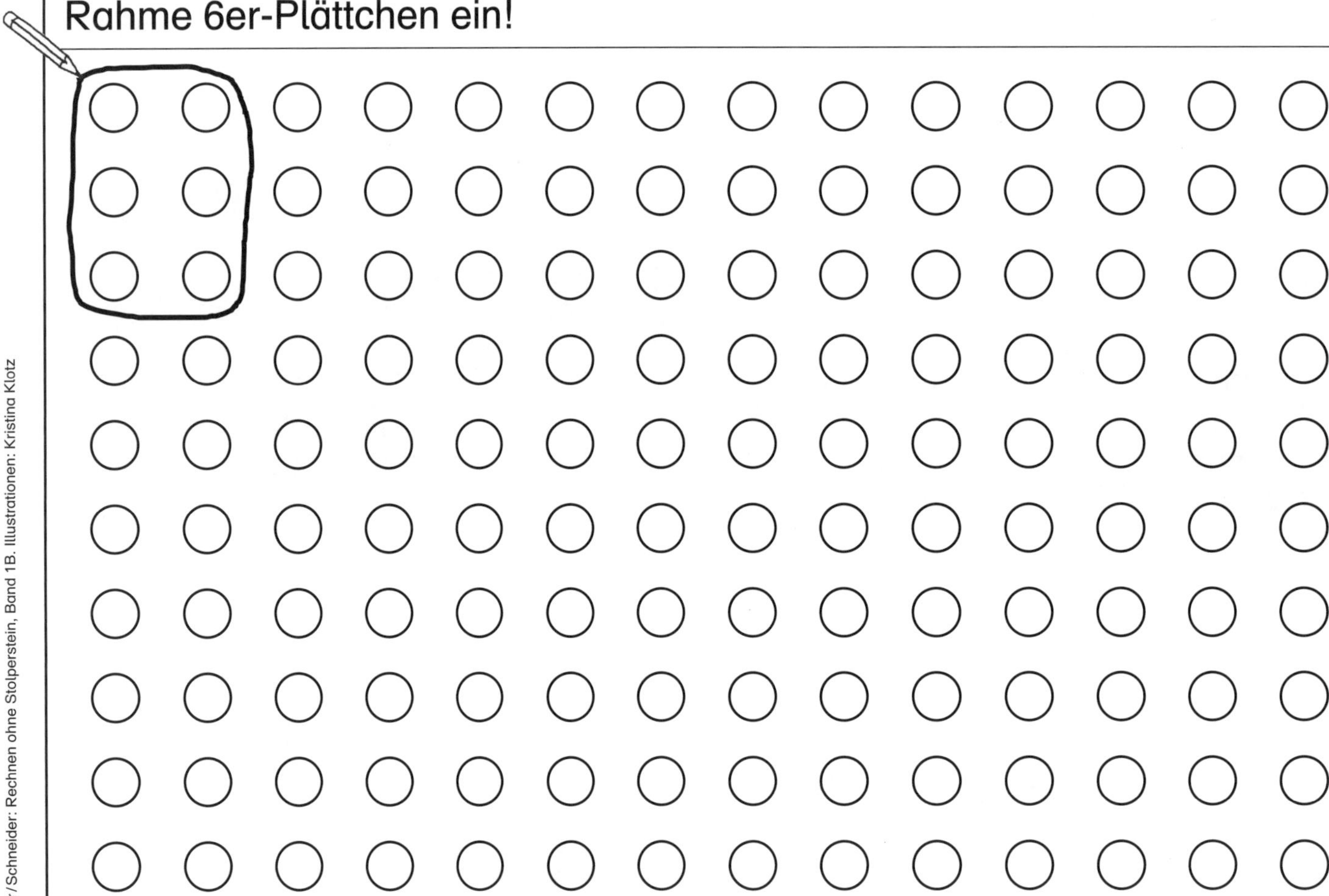

Kistler/Schneider: Rechnen ohne Stolperstein, Band 1B. Illustrationen: Kristina Klotz

Spure nach und schreibe!

Ziffer schreiben

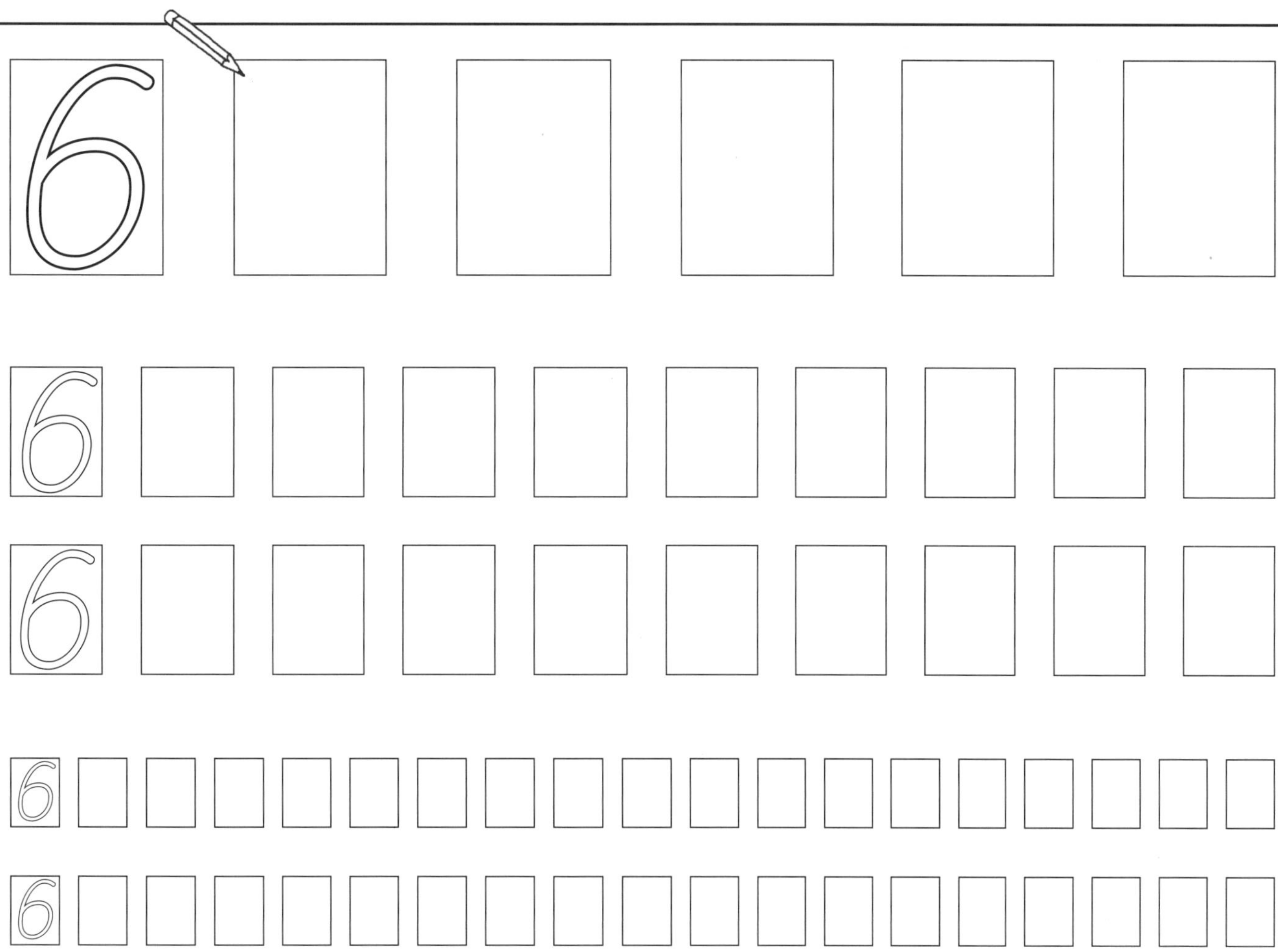

Male die Punkte und schreibe die richtige Zahl dazu!

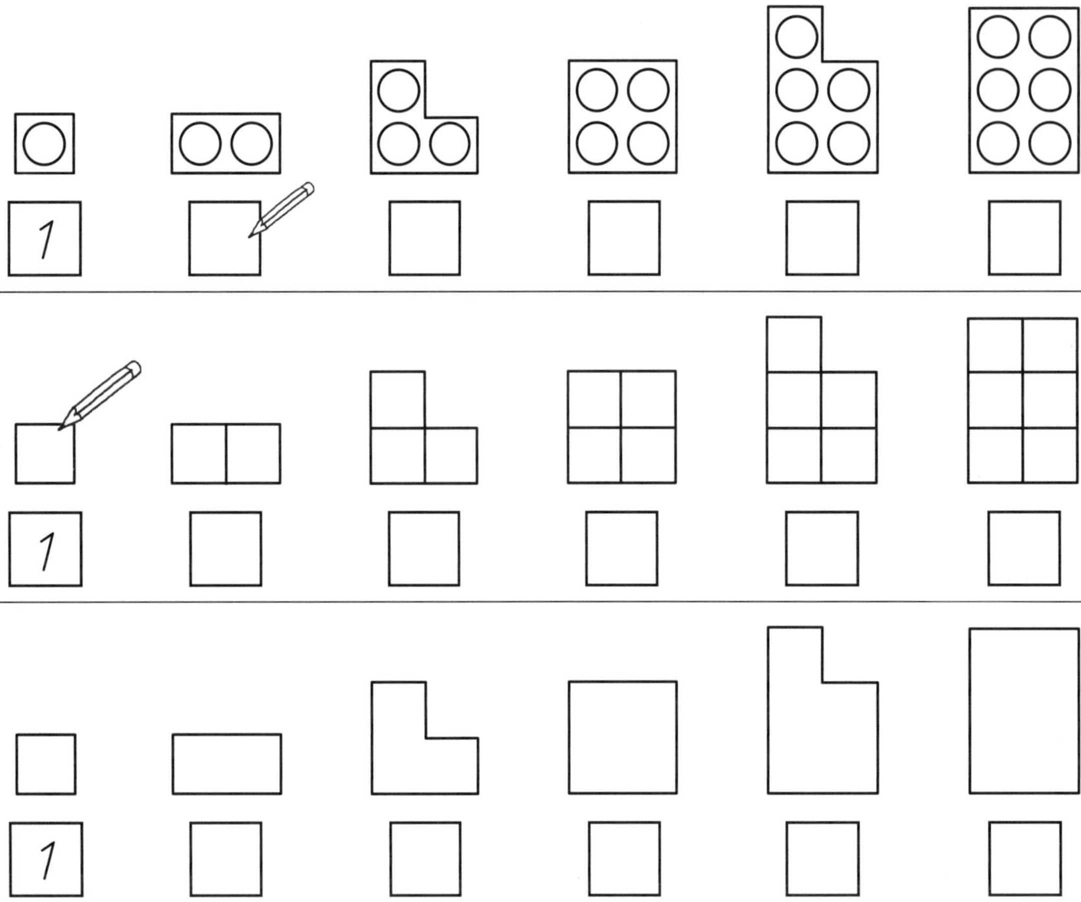

Verbinde in der richtigen Reihenfolge!

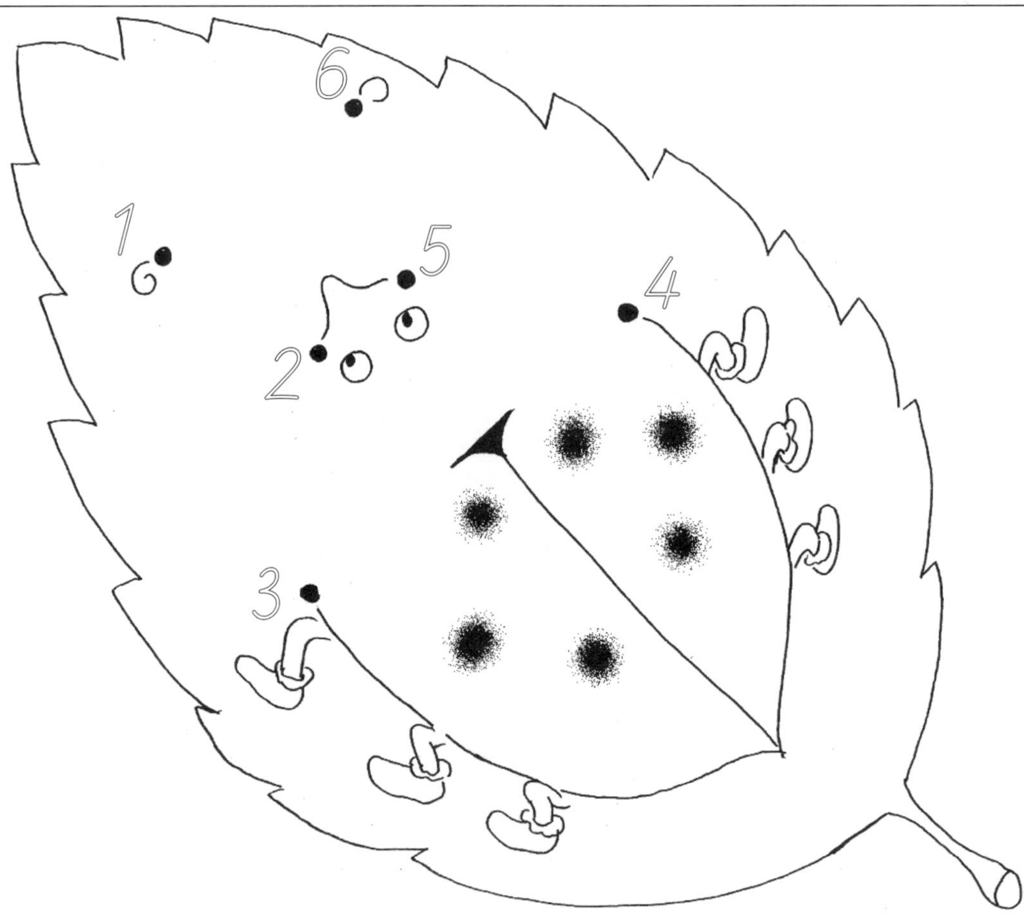

Kistler/Schneider: Rechnen ohne Stolperstein, Band 1B. Illustrationen: Kristina Klotz

Du kennst dich bis 6 gut aus!

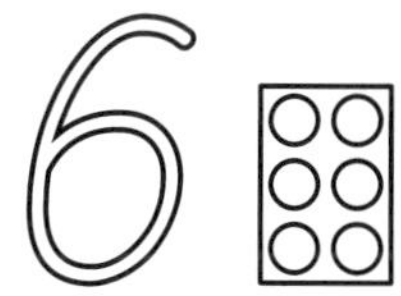

Orientierung

Welche Zahlen fehlen?

Nachbar-Käfer

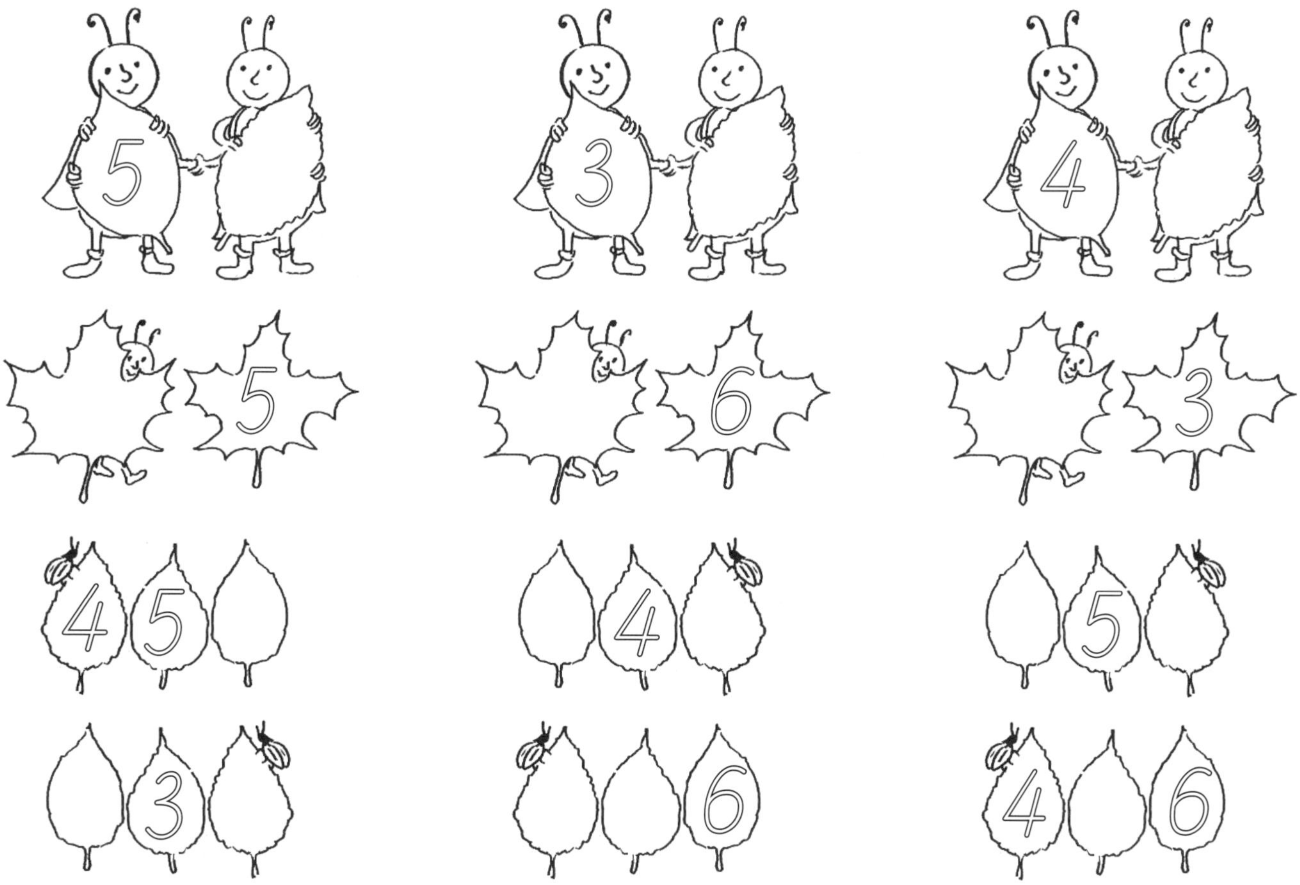

Wir vergleichen: 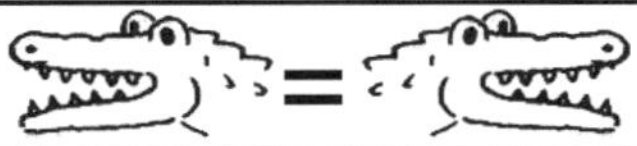

6 

Orientierung > = <

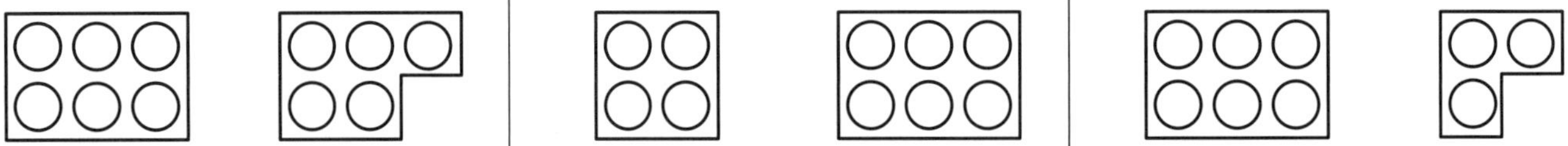

□ ○ □   □ ○ □   □ ○ □

□ ○ □   □ ○ □   □ ○ □

Kleiner, größer oder gleich?

6	○	6	5	○	6	2	○	6	6	○	2
0	○	6	1	○	6	6	○	1	4	○	6
4	○	5	6	○	0	5	○	5	6	○	3
6	○	5	3	○	6	6	○	4	5	○	6

Finde eine passende Lösung!

2	<	□	0	<	□	5	=	□	3	>	□
6	>	□	4	<	□	4	>	□	6	>	□
5	>	□	6	=	□	3	<	□	5	>	□

Kistler / Schneider: Rechnen ohne Stolperstein, Band 1B. Illustrationen: Kristina Klotz

Wir zerlegen:

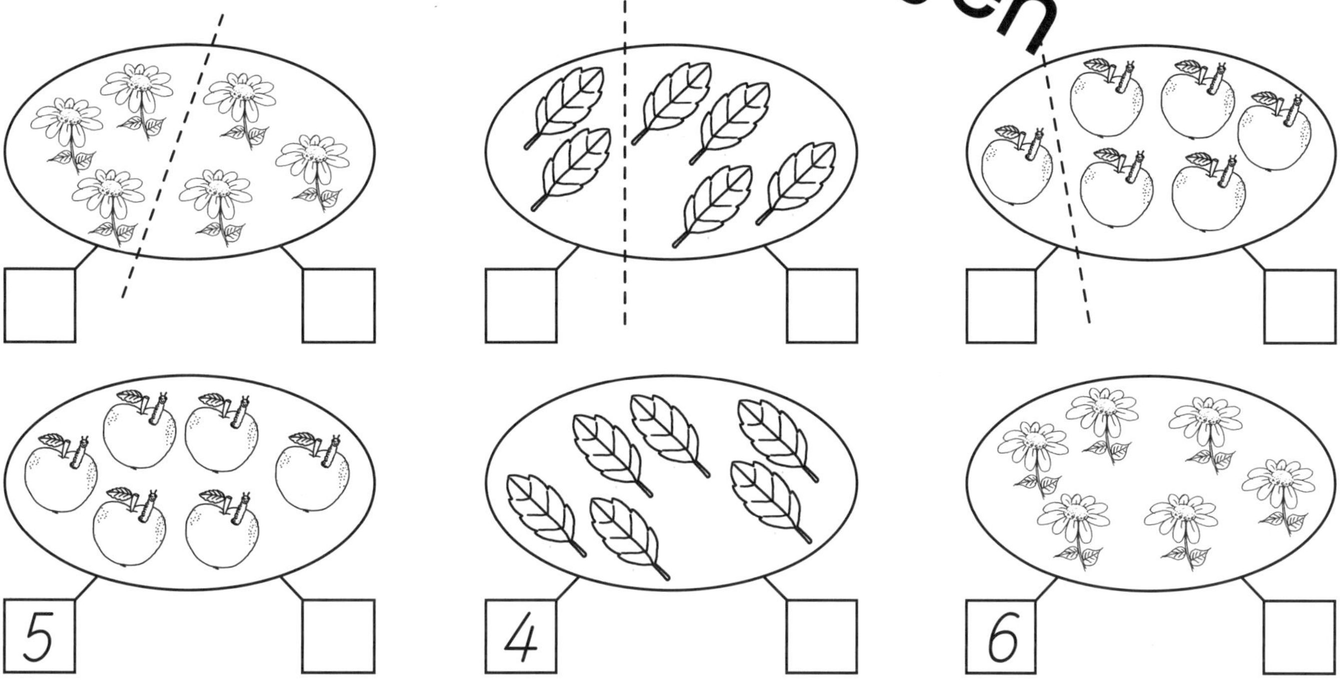

Wie ist die 6 zerlegt?

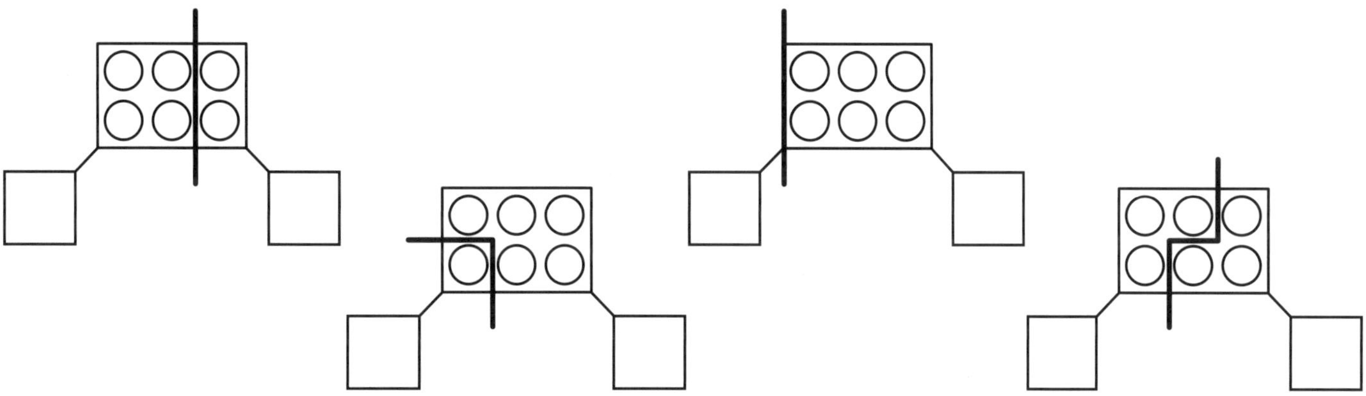

Zerlege selbst!

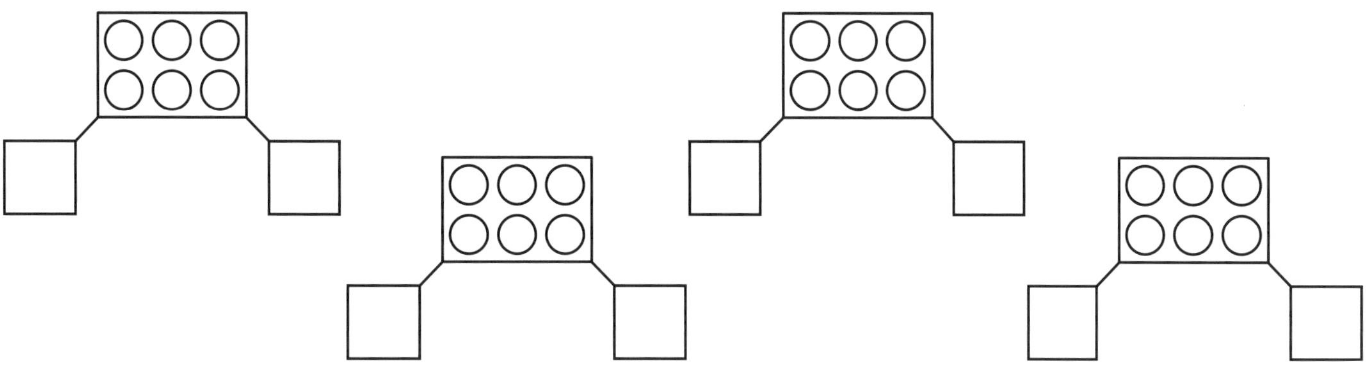

⊕ Plus: Es werden mehr!

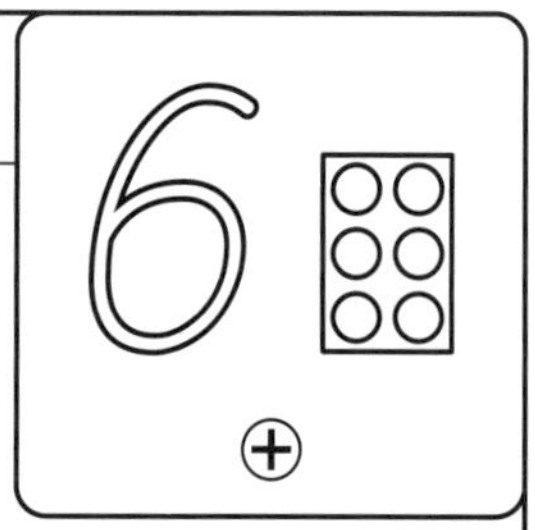

$4 + 2 = \square$

□ ○ □ ○ □

□ ○ □ ○ □

Rechnen mit Plättchen!

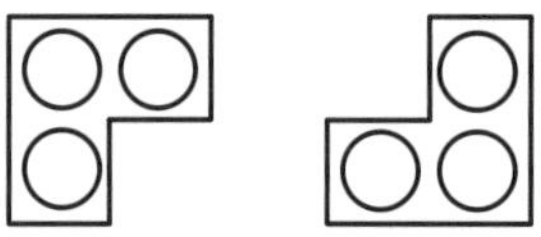 $3 + 3 = \square$	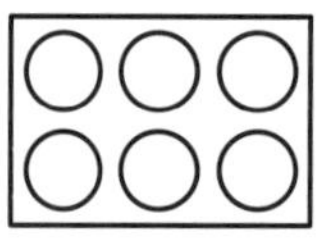 $0 + 6 = \square$	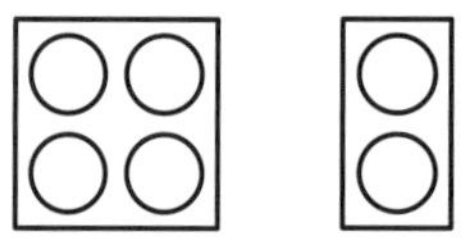 $4 + 2 = \square$
 $2 + 4 = \square$	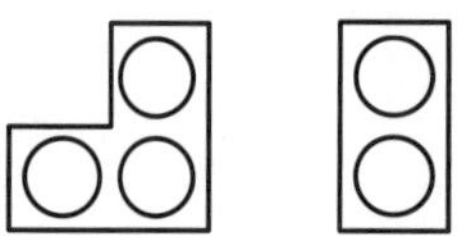 $3 + 2 = \square$	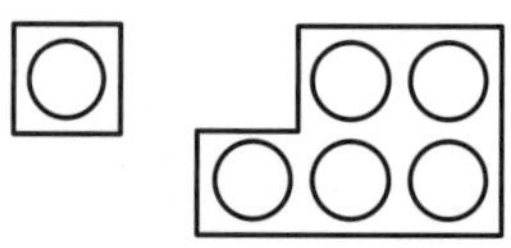 $1 + 5 = \square$
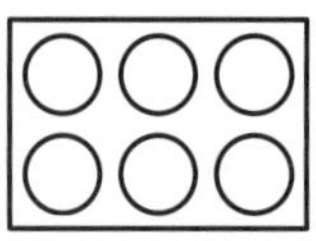 $6 + 0 = \square$	 $5 + 1 = \square$	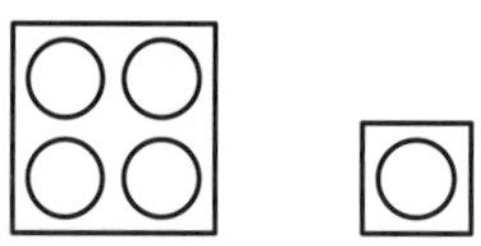 $4 + 1 = \square$

Kistler/Schneider: Rechnen ohne Stolperstein, Band 1B. Illustrationen: Kristina Klotz

Male die Plättchen und rechne!

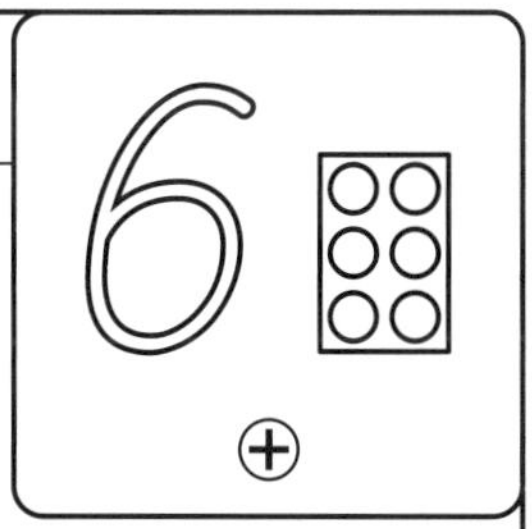

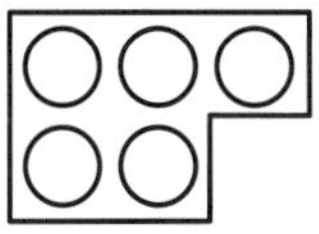 $5 + 1 = \square$	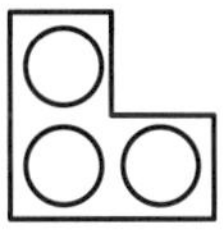 $3 + 3 = \square$	
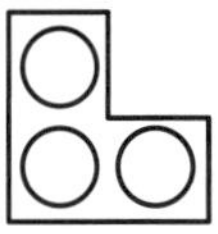 $3 + 1 = \square$	$0 + 6 = \square$	 $2 + 4 = \square$
 $1 + 5 = \square$	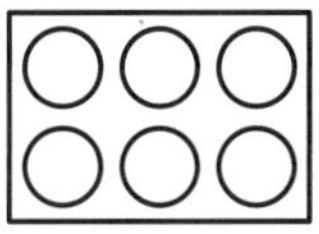 $6 + 0 = \square$	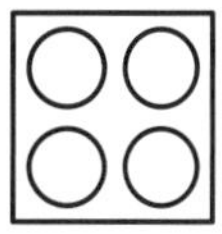 $4 + 2 = \square$

Male die Rechnung!

$3 + 3 = \square$	$2 + 4 = \square$	$3 + 1 = \square$
$4 + 2 = \square$	$1 + 5 = \square$	$6 + 0 = \square$
$5 + 1 = \square$	$0 + 6 = \square$	$1 + 5 = \square$

Wie heißt die Rechnung?

6 +

□ ○ □ ○ □ | □ ○ □ ○ □ | □ ○ □ ○ □

□ ○ □ ○ □ | □ ○ □ ○ □ | □ ○ □ ○ □

□ ○ □ ○ □ | □ ○ □ ○ □ | □ ○ □ ○ □

Denke an die Plättchen und rechne!

3 + 3 = □	1 + 5 = □	4 + 2 = □
0 + 6 = □	1 + 4 = □	6 + 0 = □
2 + 3 = □	2 + 1 = □	0 + 5 = □

Finde selbst Aufgaben!

□ + □ = 6	□ + □ = 5	□ + □ = 4
□ + □ = 6	□ + □ = 5	□ + □ = 4
□ + □ = 6	□ + □ = 5	□ + □ = 4

Kistler/Schneider: Rechnen ohne Stolperstein, Band 1B. Illustrationen: Kristina Klotz

6 ⊕

Für Spürnasen: Rechne zuerst, finde dann eine passende Aufgabe!

2 + 2 = □	0 + 0 = □
2 + 0 = □	1 + 1 = □
2 + 1 = □	2 + 2 = □
□ ○ □ ○ □	□ ○ □ ○ □

Kettenaufgaben

2 + 2 + 2 = □ (2 + 2 = 4)	3 + 2 + 1 = □ (3 + 2 = □)
1 + 4 + 1 = □ (1 + 4 = □)	2 + 1 + 2 = □ (2 + 1 = □)
0 + 5 + 1 = □ (0 + 5 = □)	4 + 0 + 2 = □ (4 + 0 = □)

Aufgaben-Raupe

⊖ Minus: Es werden weniger!

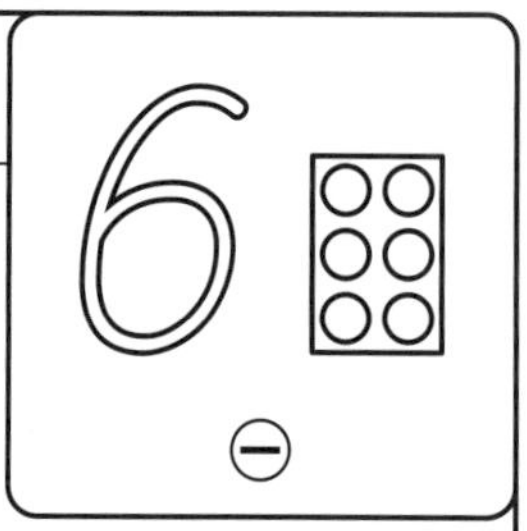

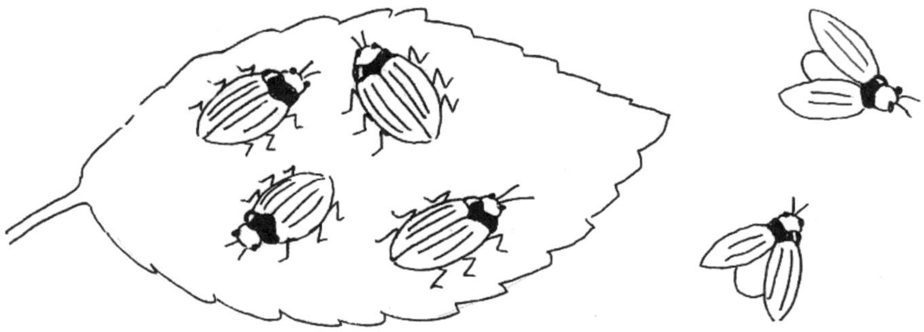

$6 - 2 = \square$

□ ○ □ ○ □

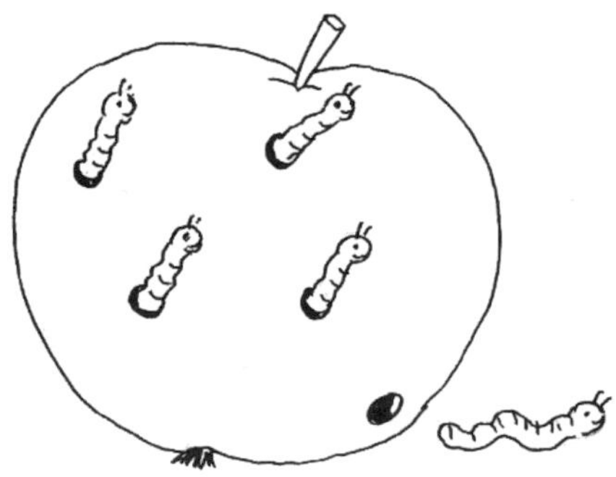

□ ○ □ ○ □

Rechnen mit Plättchen!

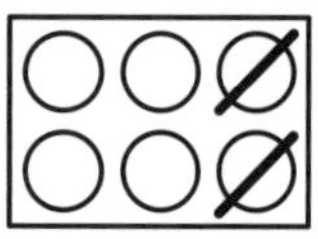 $6 - 2 = \square$	 $6 - 5 = \square$	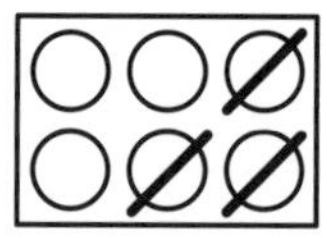 $6 - 3 = \square$
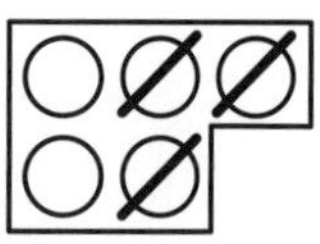 $5 - 3 = \square$	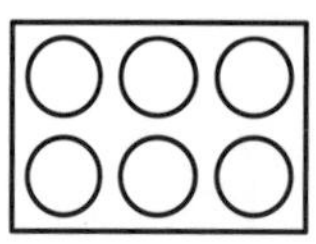 $6 - 0 = \square$	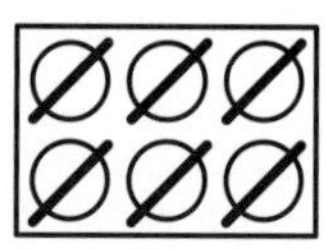 $6 - 6 = \square$
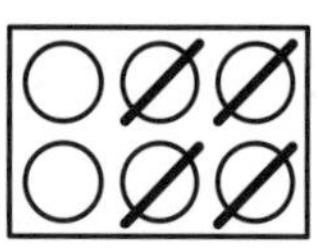 $6 - 4 = \square$	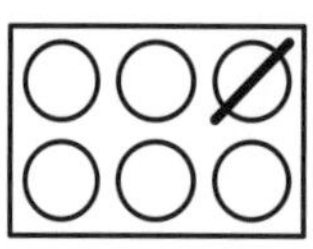 $6 - 1 = \square$	 $4 - 4 = \square$

Kistler/Schneider: Rechnen ohne Stolperstein, Band 1B. Illustrationen: Kristina Klotz

Streiche weg und rechne!

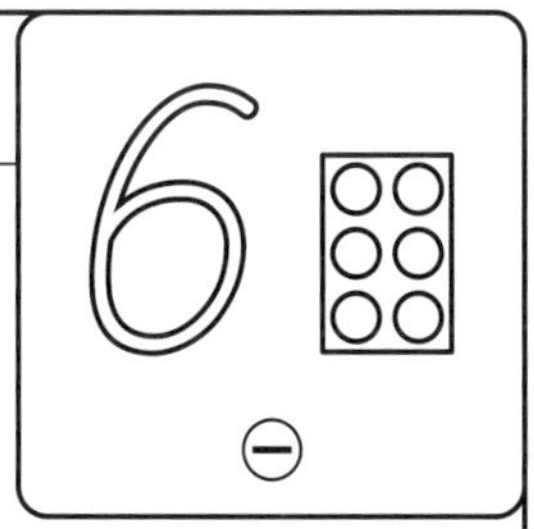

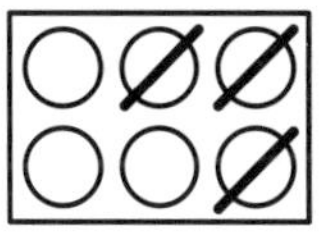 6 − 3 = ☐	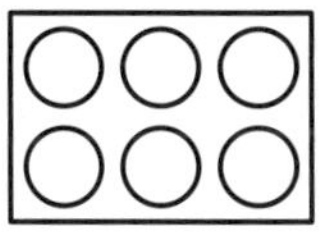 6 − 5 = ☐	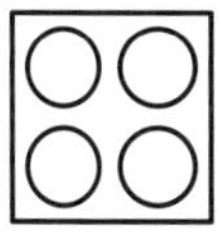 4 − 4 = ☐
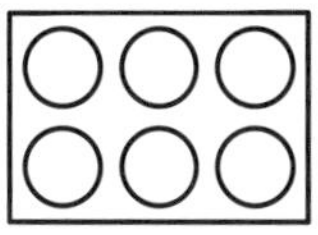 6 − 4 = ☐	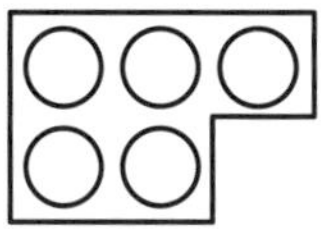 5 − 3 = ☐	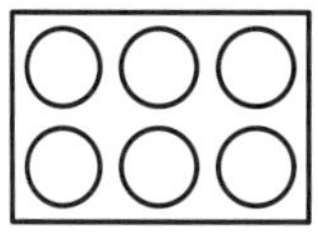 6 − 0 = ☐
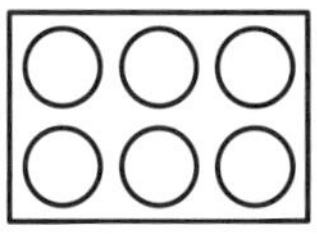 6 − 1 = ☐	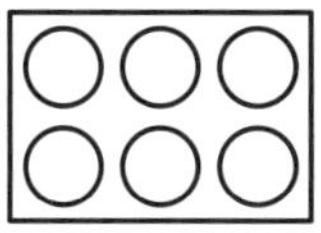 6 − 6 = ☐	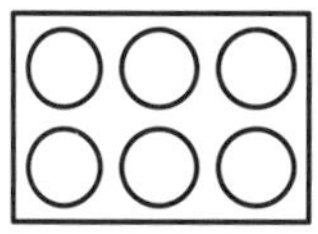 6 − 2 = ☐

Male die Rechnung!

6 − 4 = ☐	6 − 0 = ☐	6 − 2 = ☐
6 − 5 = ☐	6 − 1 = ☐	5 − 4 = ☐
6 − 3 = ☐	5 − 3 = ☐	6 − 6 = ☐

Wie heißt die Rechnung?

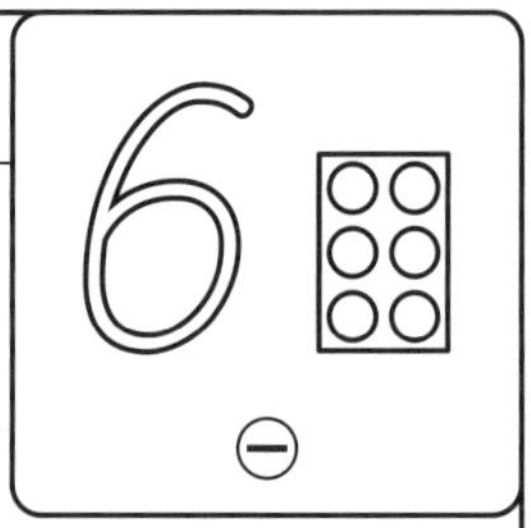

 ☐ ◯ ☐ ◯ ☐	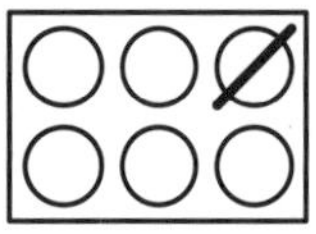 ☐ ◯ ☐ ◯ ☐	 ☐ ◯ ☐ ◯ ☐
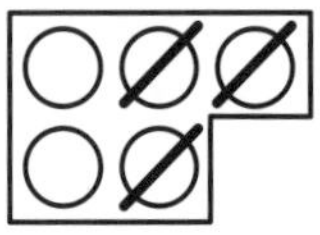 ☐ ◯ ☐ ◯ ☐	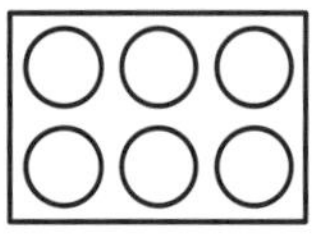 ☐ ◯ ☐ ◯ ☐	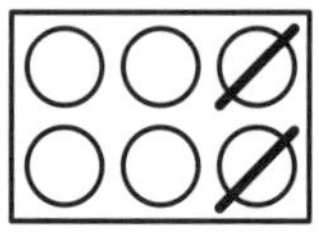 ☐ ◯ ☐ ◯ ☐
 ☐ ◯ ☐ ◯ ☐	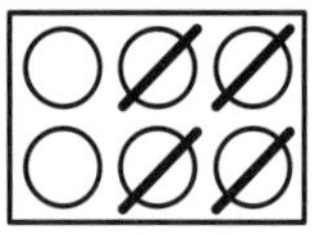 ☐ ◯ ☐ ◯ ☐	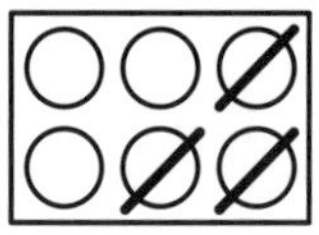 ☐ ◯ ☐ ◯ ☐

Denke an die Plättchen und rechne!

6 − 4 = ☐	6 − 1 = ☐	6 − 2 = ☐
6 − 6 = ☐	5 − 3 = ☐	3 − 0 = ☐
5 − 4 = ☐	6 − 0 = ☐	5 − 1 = ☐

Finde selbst Aufgaben!

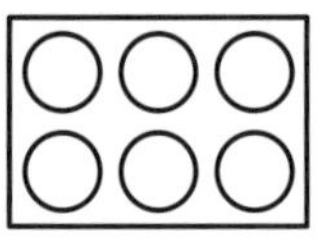	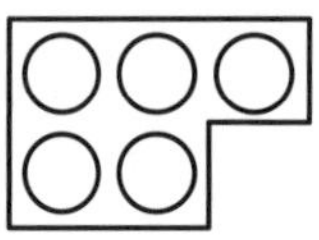	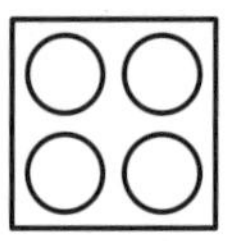
6 − ☐ = ☐	5 − ☐ = ☐	4 − ☐ = ☐
6 − ☐ = ☐	5 − ☐ = ☐	4 − ☐ = ☐
6 − ☐ = ☐	5 − ☐ = ☐	4 − ☐ = ☐

Kistler/Schneider: Rechnen ohne Stolperstein, Band 1B. Illustrationen: Kristina Klotz

Für Spürnasen: Rechne zuerst, finde dann eine passende Aufgabe!

6 – 2 = ☐
2 – 2 = ☐
5 – 2 = ☐
☐ ◯ ☐ ◯ ☐

6 – 5 = ☐
3 – 1 = ☐
4 – 1 = ☐
☐ ◯ ☐ ◯ ☐

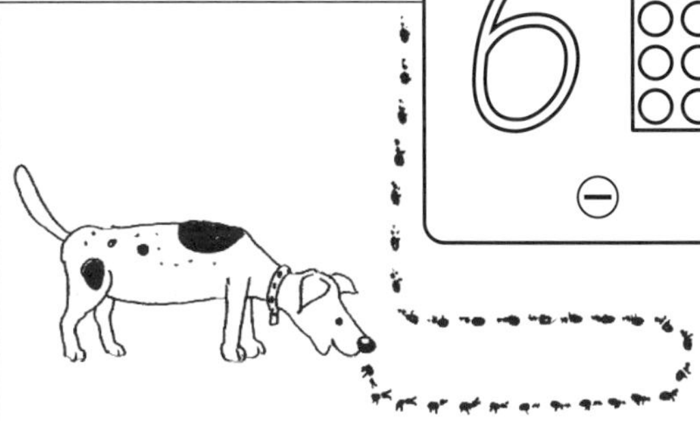

6 ⊖

Kettenaufgaben

4
5 – 1 – 4 = ☐

☐
6 – 0 – 4 = ☐

☐
6 – 1 – 2 = ☐

☐
6 – 3 – 3 = ☐

☐
6 – 2 – 2 = ☐

☐
6 – 1 – 4 = ☐

Rechne und male richtig an!

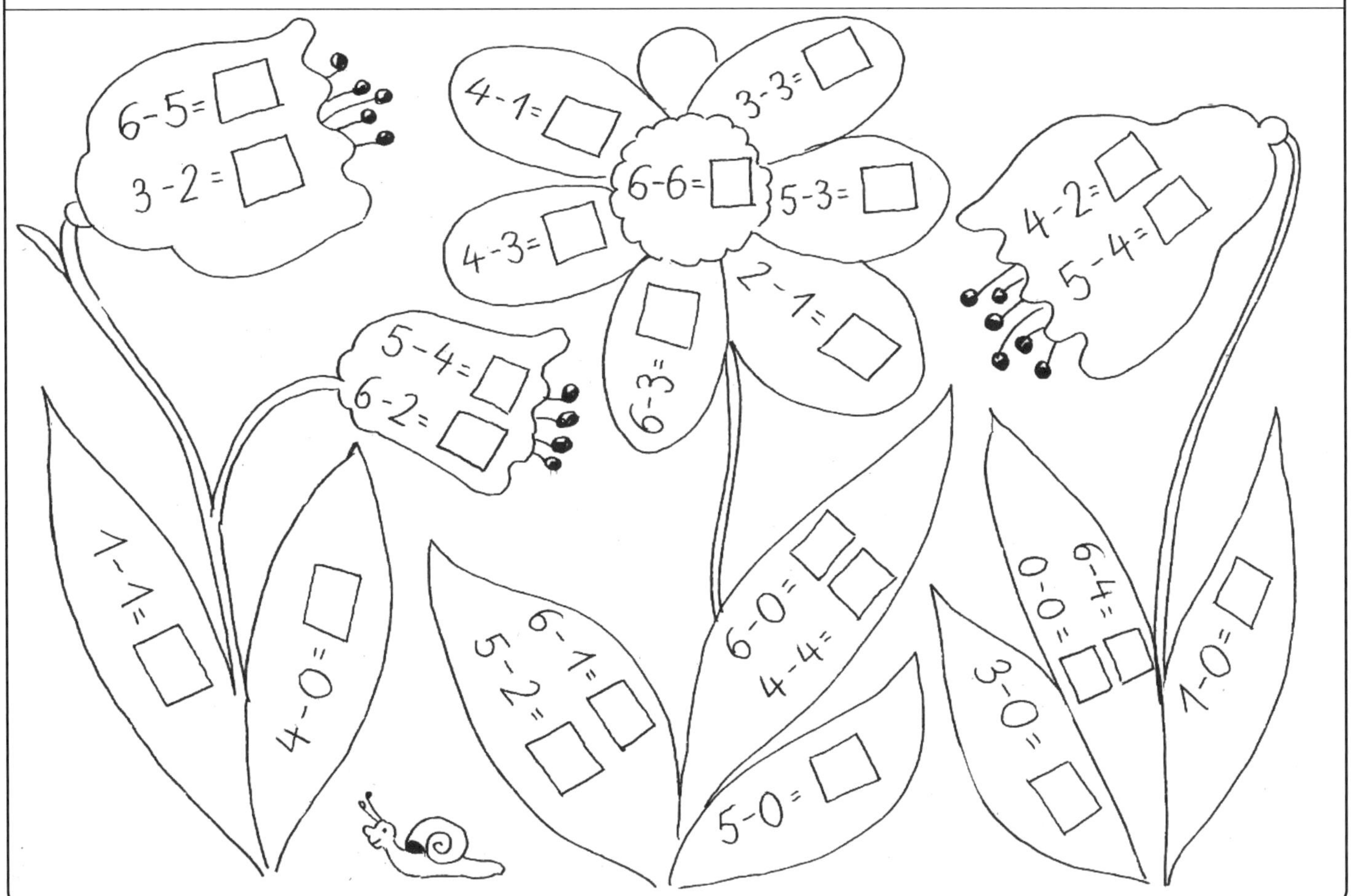

Was passiert? Achte auf ⊕ und ⊖ !

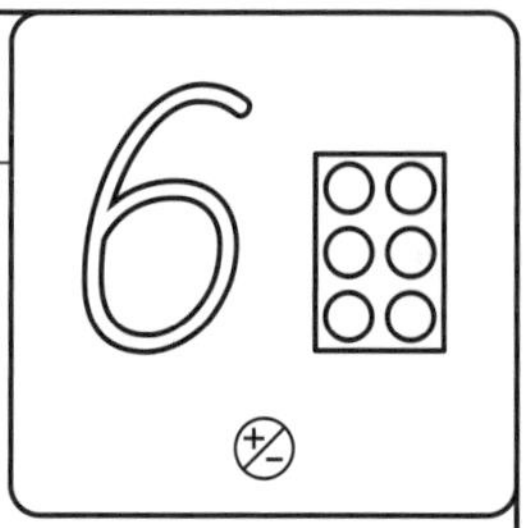

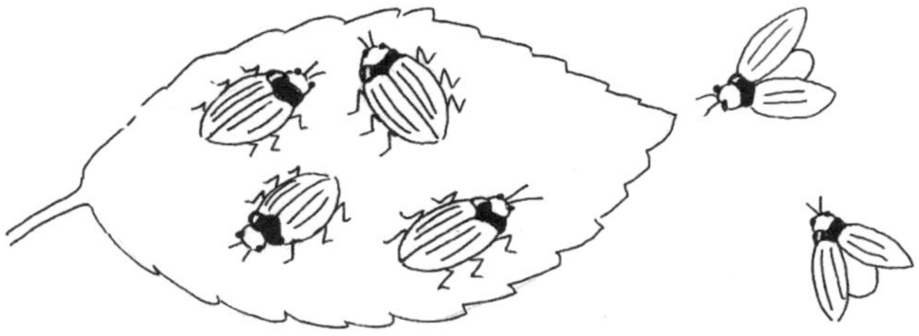

$4 + 2 = \square$

$6 - 3 = \square$

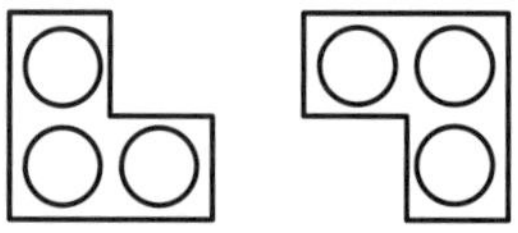

□ ○ □ ○ □

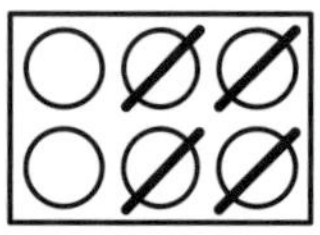

□ ○ □ ○ □

□ ○ □ ○ □

Male die Rechnung!

$6 - 0 = \square$	$1 + 5 = \square$	$6 - 5 = \square$
$6 + 0 = \square$	$6 - 2 = \square$	$2 + 3 = \square$
$6 - 3 = \square$	$0 + 6 = \square$	$5 - 3 = \square$

Kistler/Schneider: Rechnen ohne Stolperstein, Band 1B. Illustrationen: Kristina Klotz

Dazu oder weg? Rechne!

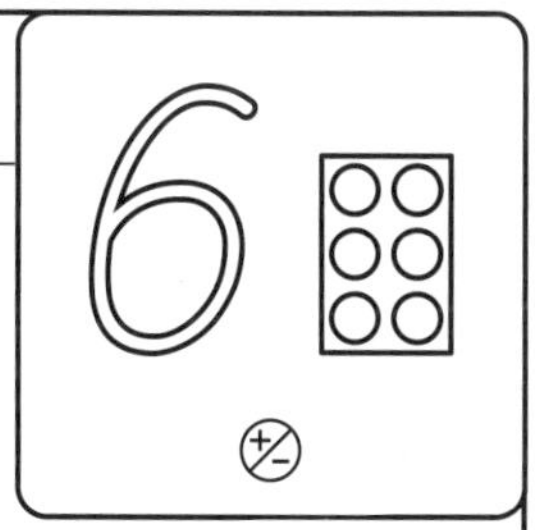

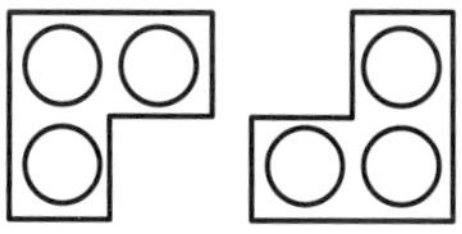

$3 + 3 = \square$

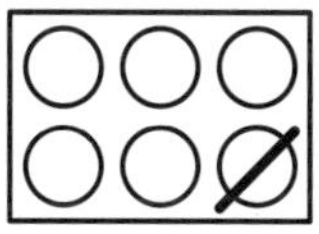

$6 - 1 = \square$

$2 + 4 = \square$

$6 - 4 = \square$

$6 - 3 = \square$

$6 - 6 = \square$

$0 + 6 = \square$

$6 - 2 = \square$

$4 + 2 = \square$

$6 - 5 = \square$

$2 + 3 = \square$

Kettenaufgaben

[2] $6 - 4 + 1 = \square$	$\square$ $6 + 0 - 0 = \square$
$\square$ $2 + 3 + 1 = \square$	$\square$ $6 - 5 + 4 = \square$
$\square$ $6 - 2 - 2 = \square$	$\square$ $5 - 3 + 4 = \square$

Rechne!

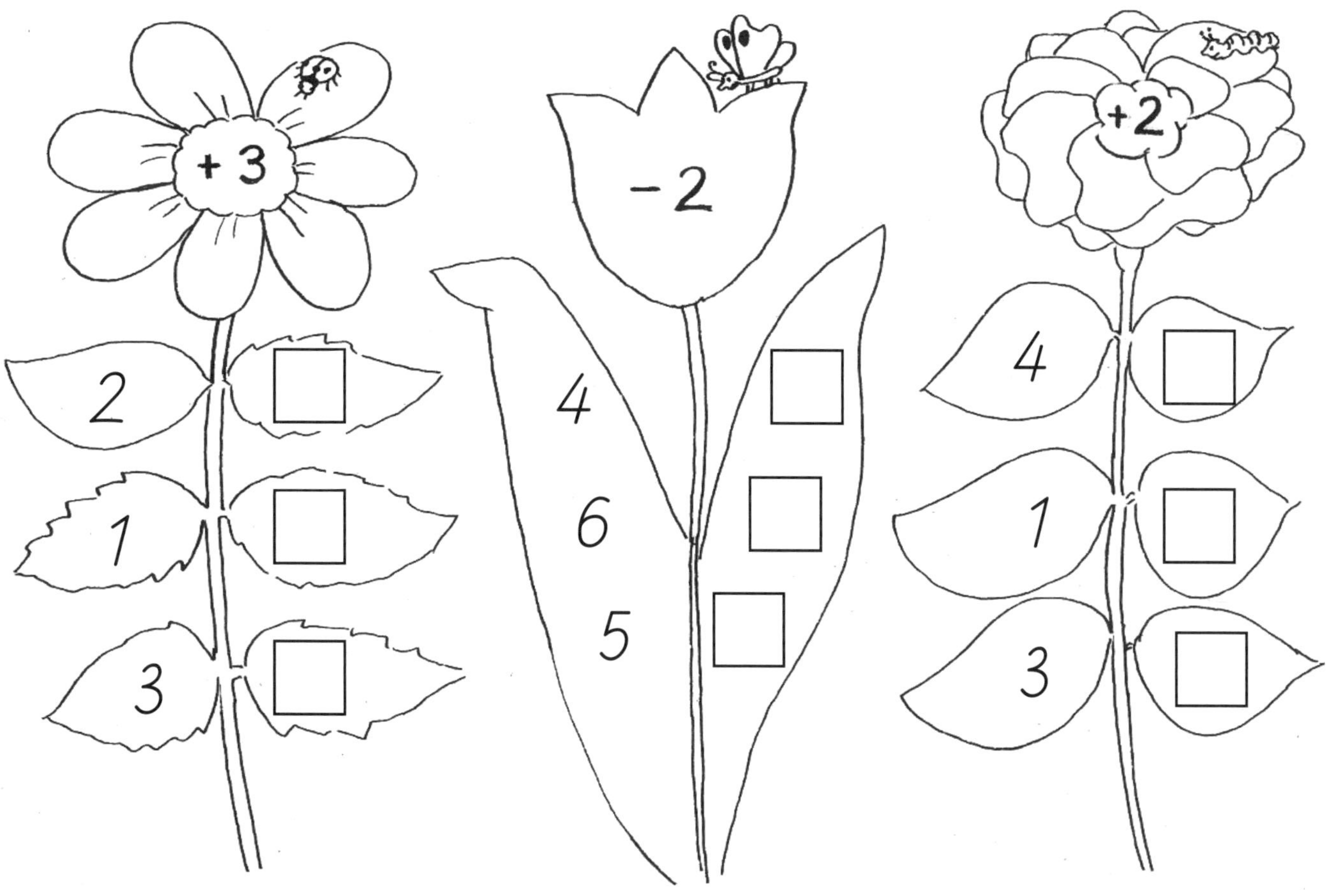

Was passiert?  ⊕ oder  ⊖ ?

4 ◯ 2 = 6	3 ◯ 3 = 6	
5 ◯ 1 = 4	4 ◯ 2 = 2	
5 ◯ 1 = 6	1 ◯ 4 = 5	6 ◯ 5 = 1
6 ◯ 1 = 5	4 ◯ 1 = 3	5 ◯ 3 = 2
6 ◯ 2 = 4	6 ◯ 6 = 0	4 ◯ 3 = 1
3 ◯ 2 = 1	2 ◯ 4 = 6	6 ◯ 3 = 3
3 ◯ 2 = 5	6 ◯ 4 = 2	4 ◯ 1 = 5
4 ◯ 1 = 5	2 ◯ 1 = 3	1 ◯ 5 = 6

Finde selbst Aufgaben!

☐ + ☐ = 6	☐ − ☐ = 5	☐ − ☐ = 4
☐ − ☐ = 6	☐ + ☐ = 5	☐ + ☐ = 4
☐ + ☐ = 6	☐ + ☐ = 5	☐ − ☐ = 4

Rechne mit dem Ergebnis weiter!

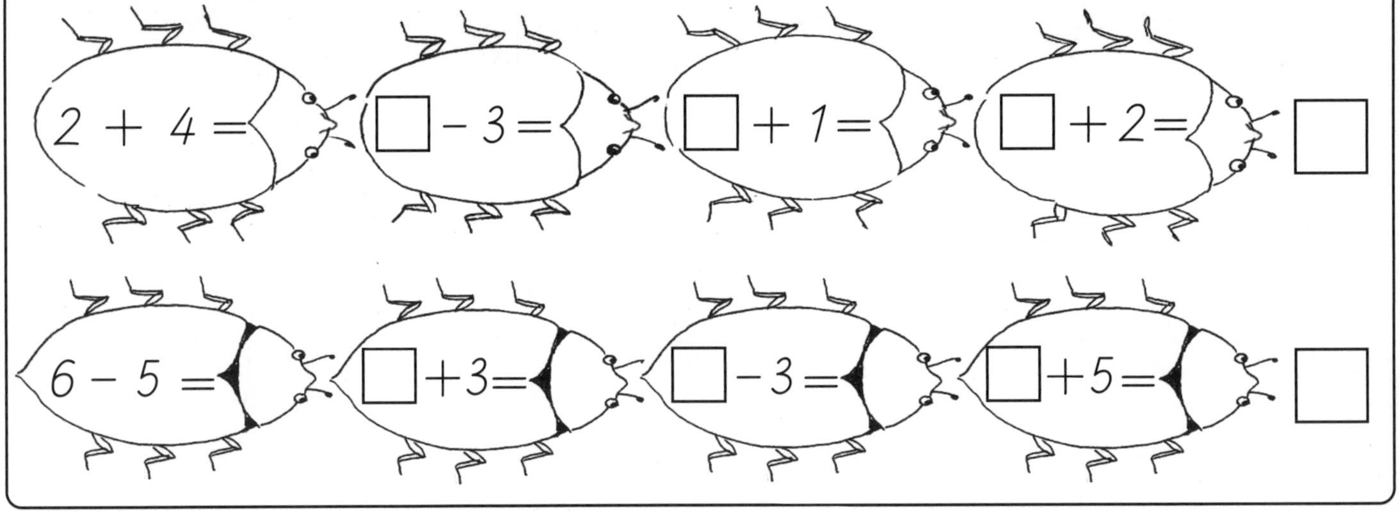

Kistler/Schneider: Rechnen ohne Stolperstein, Band 1B. Illustrationen: Kristina Klotz

Zerlege und rechne!

6 = 3 + □

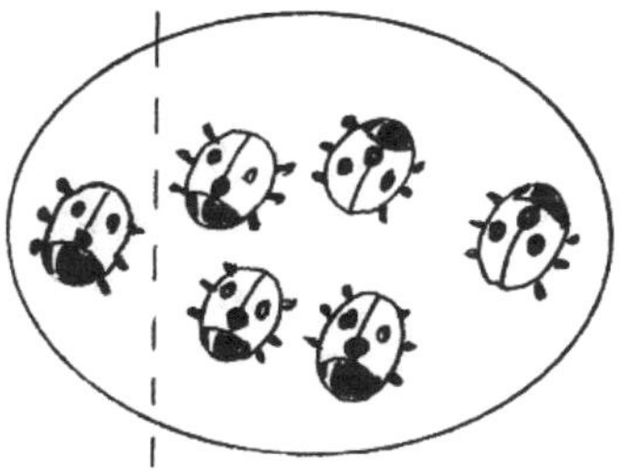

6 = 1 + □

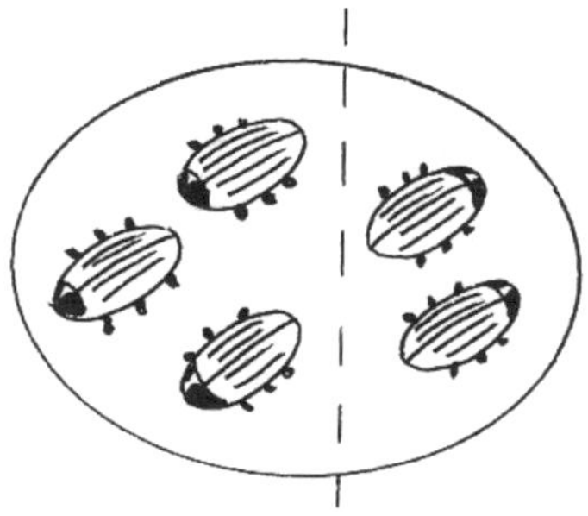

5 = 3 + □

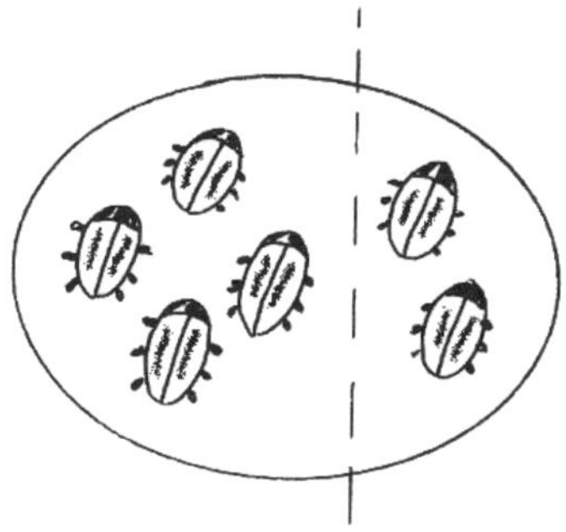

6 = □ + 2

Zerlege und rechne!

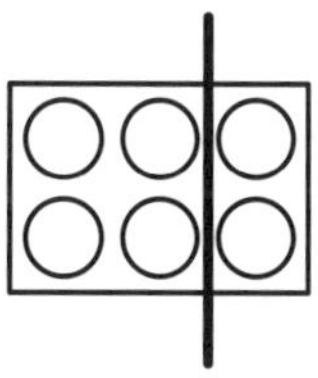

6 = 4 + □

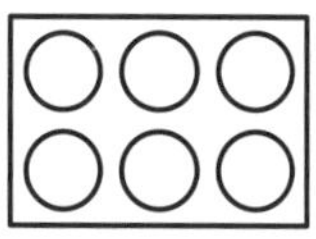

6 = 2 + □

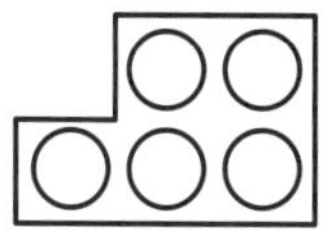

5 = □ + 4

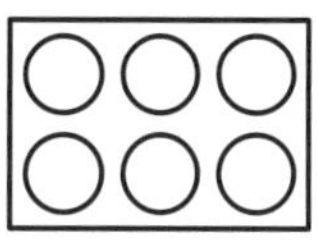

6 = 5 + □

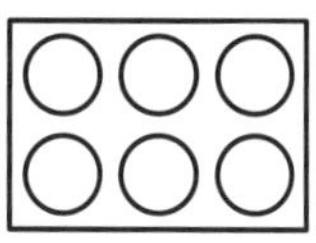

6 = □ + 5

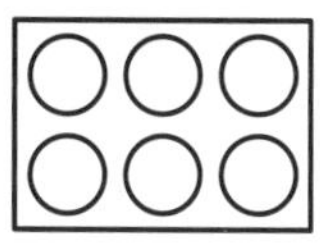

6 = 0 + □

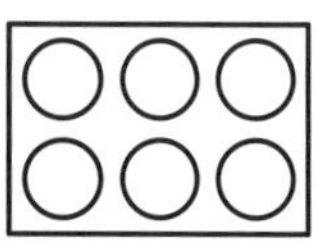

6 = □ + 3

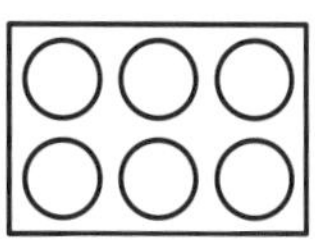

6 = 6 + □

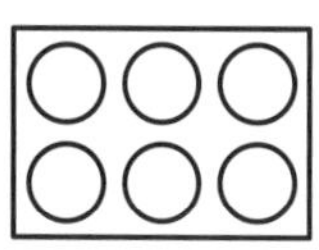

6 = □ + 4

Male die Rechnung!

$6 = 2 + \square$	$6 = 5 + \square$	
$5 = 1 + \square$	$6 = \square + 1$	$6 = 4 + \square$
$6 = \square + 0$	$6 = 3 + \square$	$6 = \square + 6$

Wie heiβt die Rechnung?

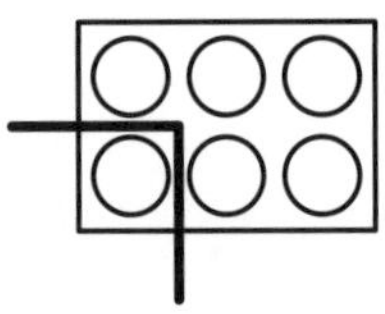	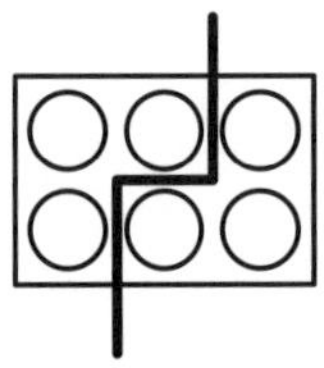	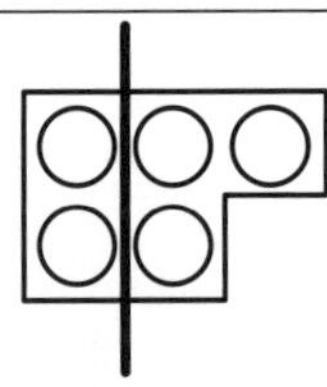
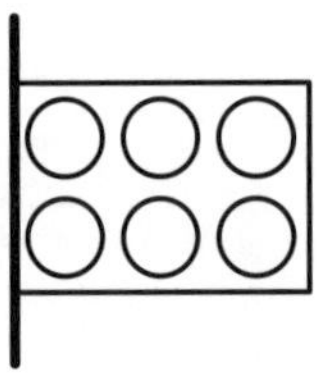	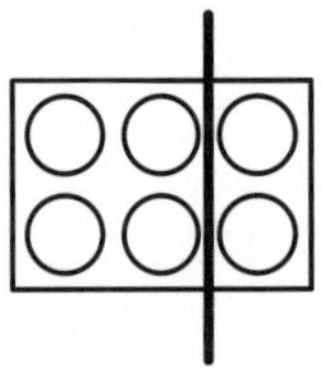	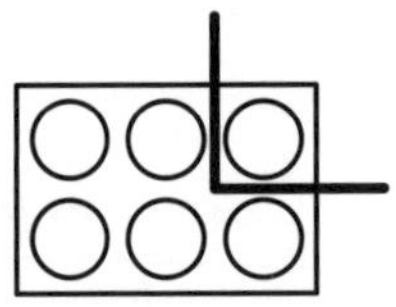
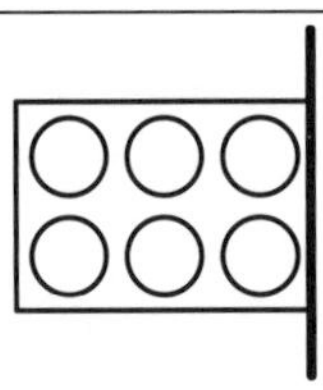	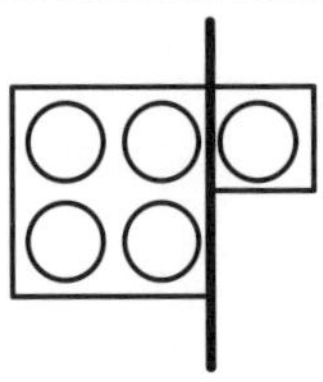	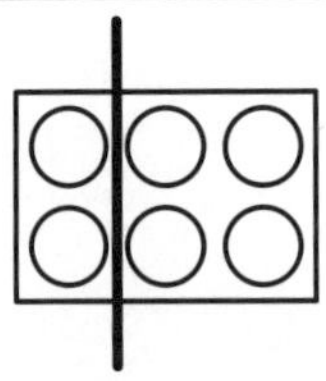

Kistler / Schneider: Rechnen ohne Stolperstein, Band 1B. Illustrationen: Kristina Klotz

Zerlege und rechne!

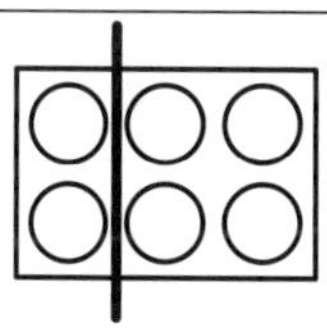 6 = 2 + □	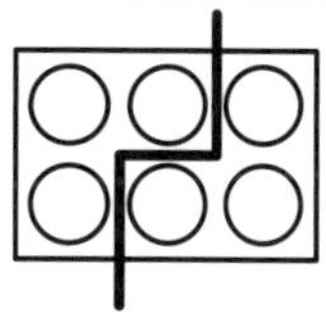 6 = □ + 3	
6 = □ + 0 6 = 1 + □ 6 = 5 + □	5 = 0 + □ 5 = □ + 1 6 = □ + 5	6 = □ + 4 4 = 4 + □ 3 = □ + 1
6 = □ + 6 6 = 4 + □ 6 = □ + 3 4 = □ + 2	6 = □ + 1 6 = 2 + □ 5 = 2 + □ 6 = 6 + □	5 = □ + 2 6 = □ + 2 6 = 3 + □ 6 = 1 + □

Pilz-Aufgaben

Was passiert? ⊕, ⊖ oder ?

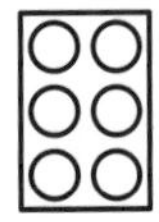

6

Gemischte Aufgaben

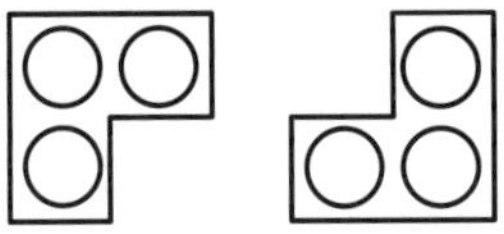 3 + 3 = □	 6 − 4 = □	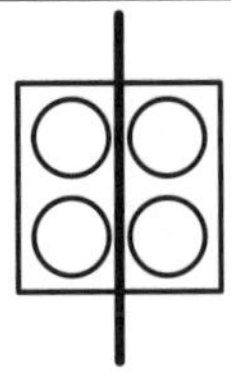 4 = 2 + □
 4 − 3 = □	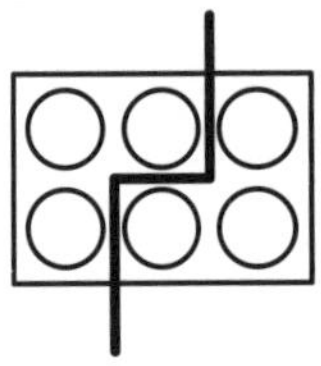 6 = □ + 3	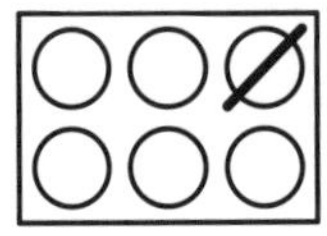 6 − 1 = □
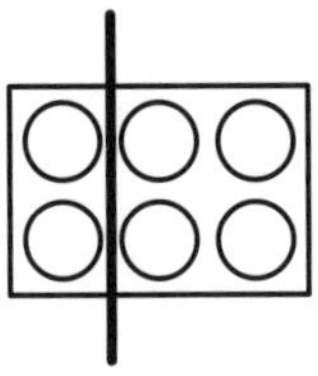 6 = 2 + □	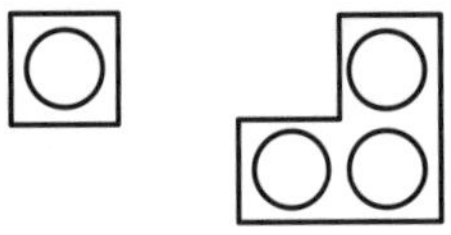 1 + 3 = □	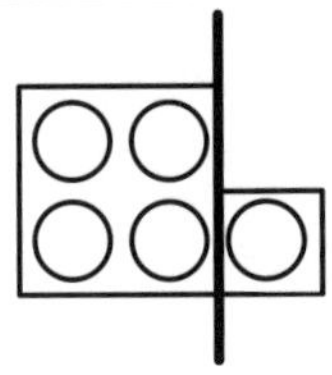 5 = □ + 1

Achtung: Was passiert?

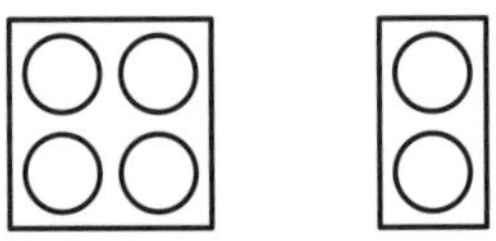 □ ○ □ ○ □	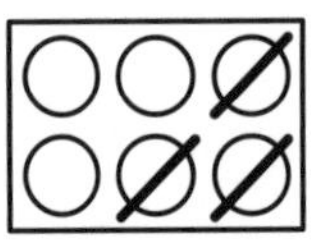 □ ○ □ ○ □	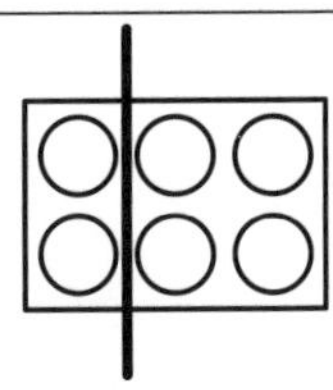 □ ○ □ ○ □
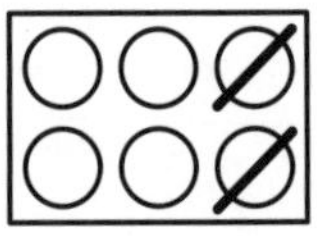 □ ○ □ ○ □	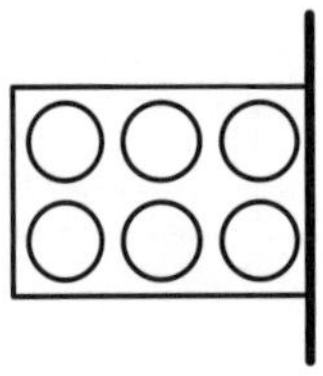 □ ○ □ ○ □	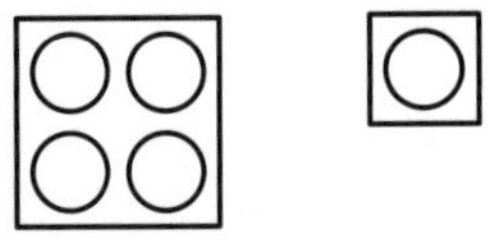 □ ○ □ ○ □
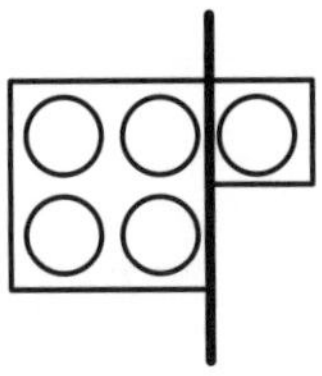 □ ○ □ ○ □	 □ ○ □ ○ □	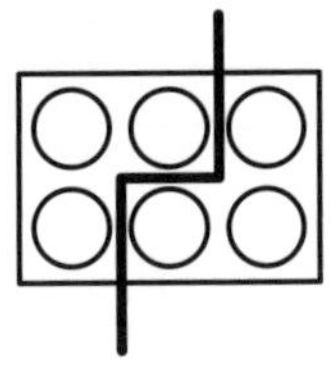 □ ○ □ ○ □

Kistler/Schneider: Rechnen ohne Stolperstein, Band 1B. Illustrationen: Kristina Klotz

Wie viele Käfer sind versteckt?

Ich habe **6** Käfer.

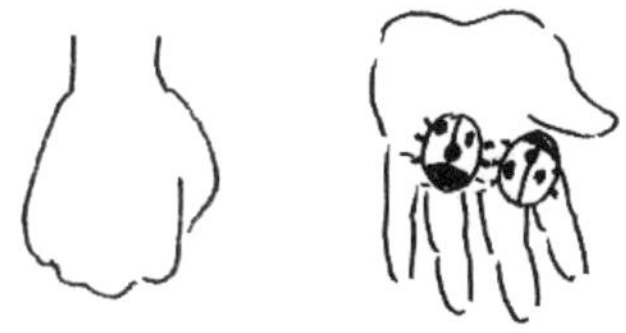

2

Ich habe **3** Käfer.

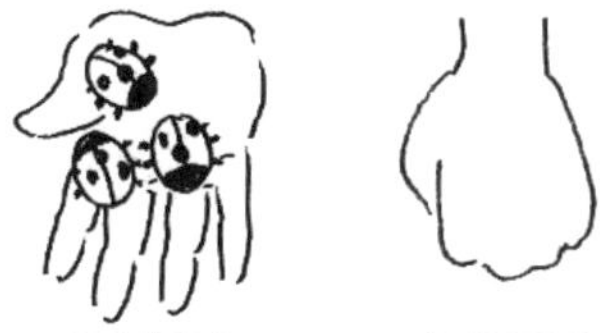

Ich habe **4** Käfer.

Ich habe **6** Käfer.

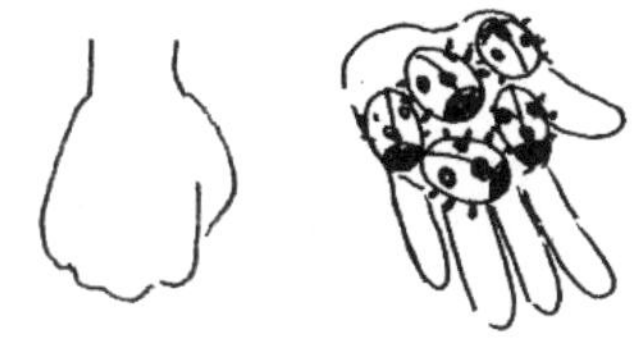

Ich habe **5** Käfer.

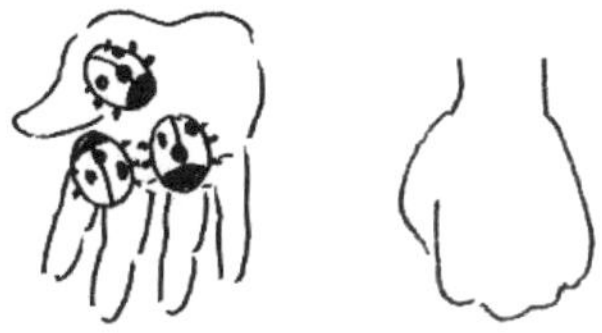

Ich habe **6** Käfer.

Wie viele Käfer sind noch in der Tüte?

2

Drei Freundinnen gehören zusammen:

6

Gemischte Aufgaben

5 + 1 = ☐

1 + ☐ = ☐

☐ − ☐ = ☐

☐ − ☐ = ☐

☐ = ☐ + ☐

☐ = ☐ + ☐

☐ + ☐ = ☐

☐ + ☐ = ☐

☐ − ☐ = ☐

☐ − ☐ = ☐

☐ = ☐ + ☐

☐ = ☐ + ☐

* Hilfreiche Fragen: Was bleibt gleich? Was verändert sich? (siehe S. 6)

Kistler/Schneider: Rechnen ohne Stolperstein, Band 1B. Illustrationen: Kristina Klotz

Drei Freunde gehören zusammen:

6

Gemischte Aufgaben

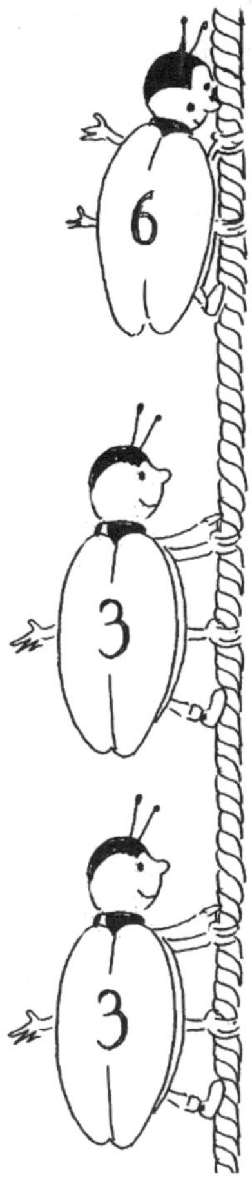

$\boxed{3} + \boxed{3} = \square$

$\boxed{3} + \square = \square$

$\square - \square = \square$

$\square - \square = \square$

$\square = \square + \square$

$\square = \square + \square$

$\square + \square = \square$

$\square + \square = \square$

$\square - \square = \square$

$\square - \square = \square$

$\square = \square + \square$

$\square = \square + \square$

6er-Freundinnen: Welche fehlt?

6

Gemischte Aufgaben

$3 + \square = 6$

$\square - 4 = 2$

$\square + 0 = 6$

$\square = 3 + 3$

$6 - 2 = \square$

$6 = \square + 1$

$6 - \square = 1$

$2 + 4 = \square$

$6 = 1 + \square$

Drei Freunde: Welcher fehlt?

$2 + \square = 6$

$\square - 5 = 0$

$\square + 3 = 4$

$\square = 2 + 1$

$5 - 2 = \square$

$6 = \square + 5$

$5 - \square = 1$

$3 + 3 = \square$

$6 = 4 + \square$

Kistler/Schneider: Rechnen ohne Stolperstein, Band 1B. Illustrationen: Kristina Klotz

6 Gemischte Aufgaben

Die drei Freundinnen helfen dir!

6 = 2 + □	6 − 3 = □	
5 + □ = 6	2 + 1 = □	
□ − 1 = 5	3 = 0 + □	
2 + □ = 6	4 + 1 = □	6 − 6 = □
□ − 5 = 1	4 = 2 + □	3 + □ = 4
6 = □ + 4	□ − 3 = 3	4 + 2 = □
6 − 5 = □	4 + □ = 5	5 = □ + 3

Rechne und male richtig an!

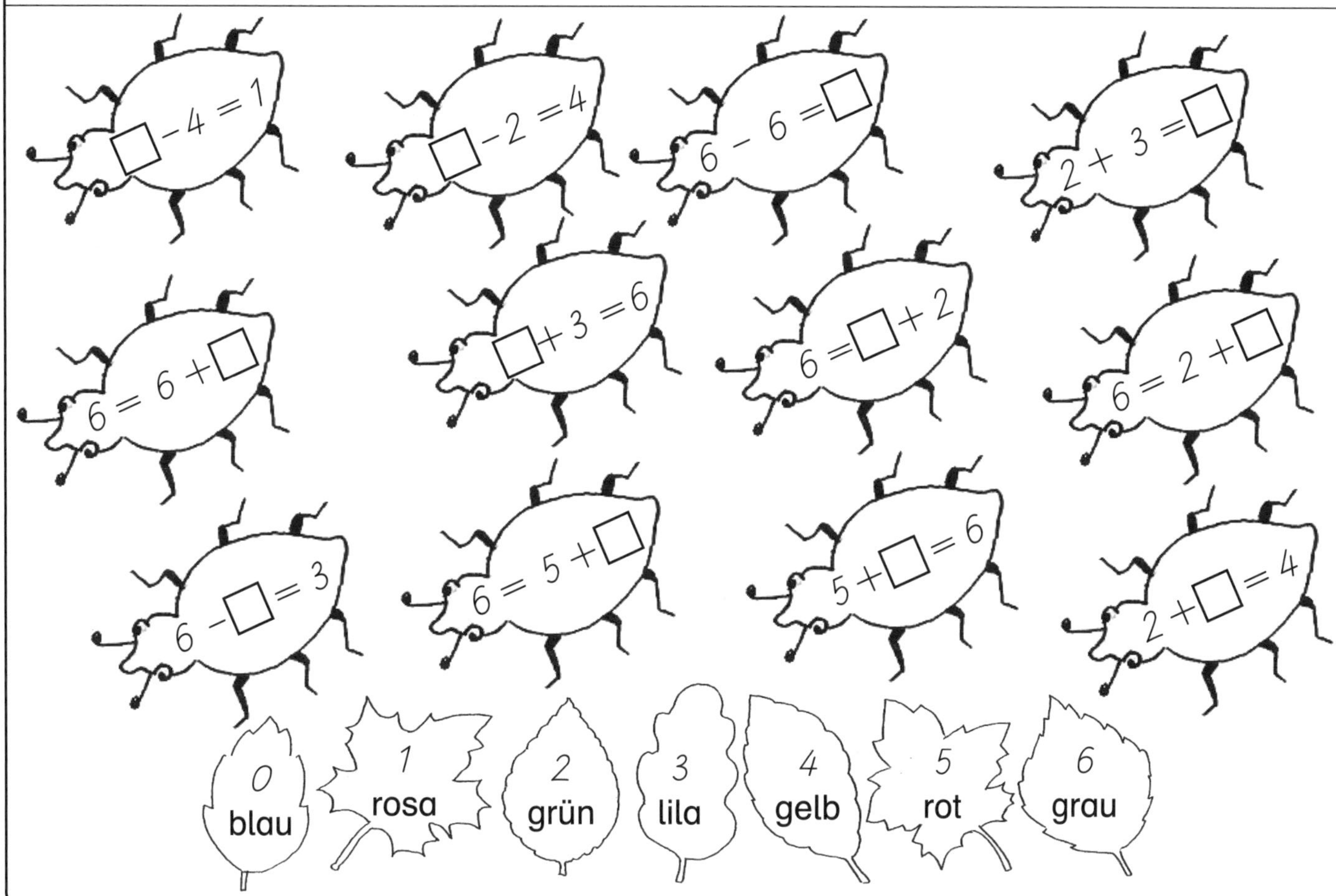

Tauschaufgaben

4 + 2 = □

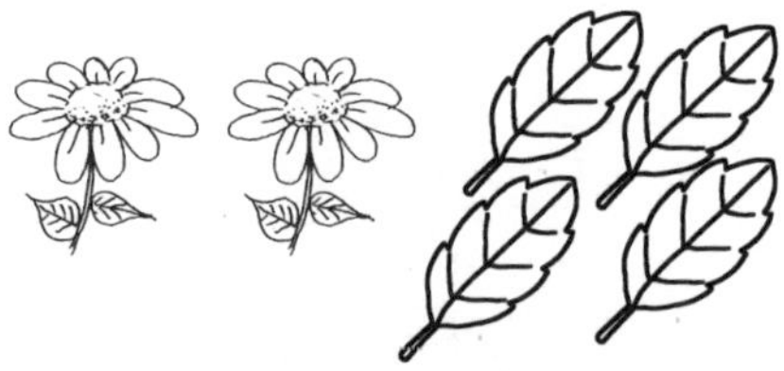

2 + 4 = □

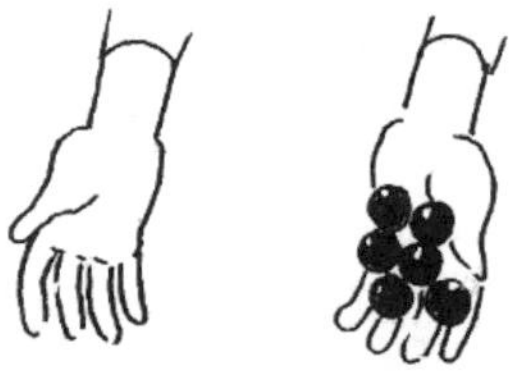

□ ○ □ ○ □

□ ○ □ ○ □

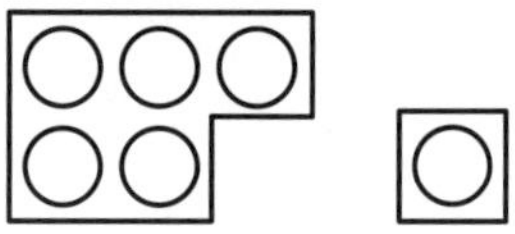

□ ○ □ ○ □

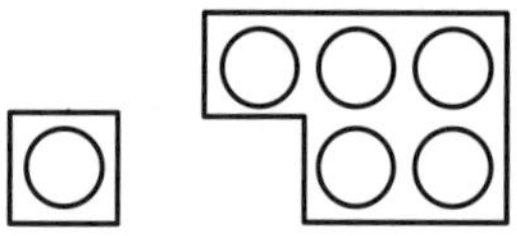

□ ○ □ ○ □

Tausche und male selbst!

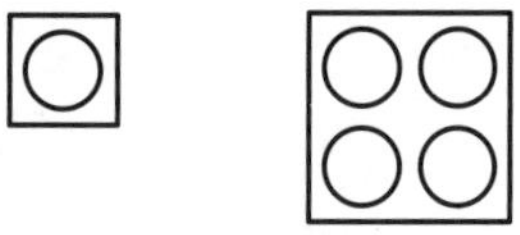

□ ○ □ ○ □ □ ○ □ ○ □

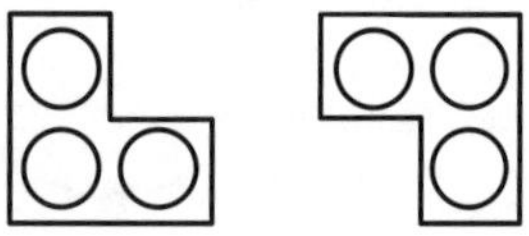

□ ○ □ ○ □ □ ○ □ ○ □

6 + 0 = □ □ ○ □ ○ □

2 + 4 = □ □ ○ □ ○ □

Kistler/Schneider: Rechnen ohne Stolperstein, Band 1B. Illustrationen: Kristina Klotz

Rechengeschichten

Rechengeschichten

6

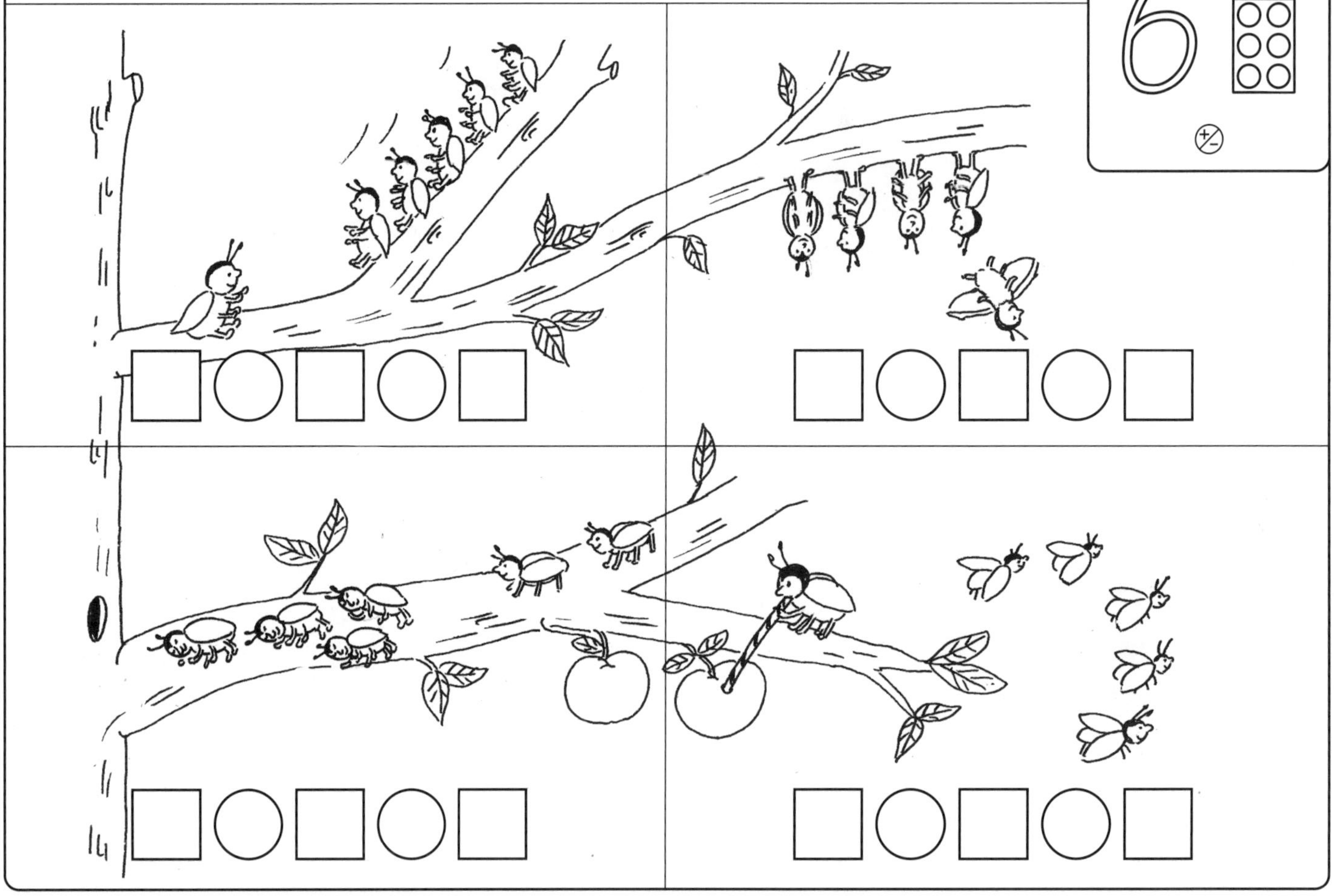

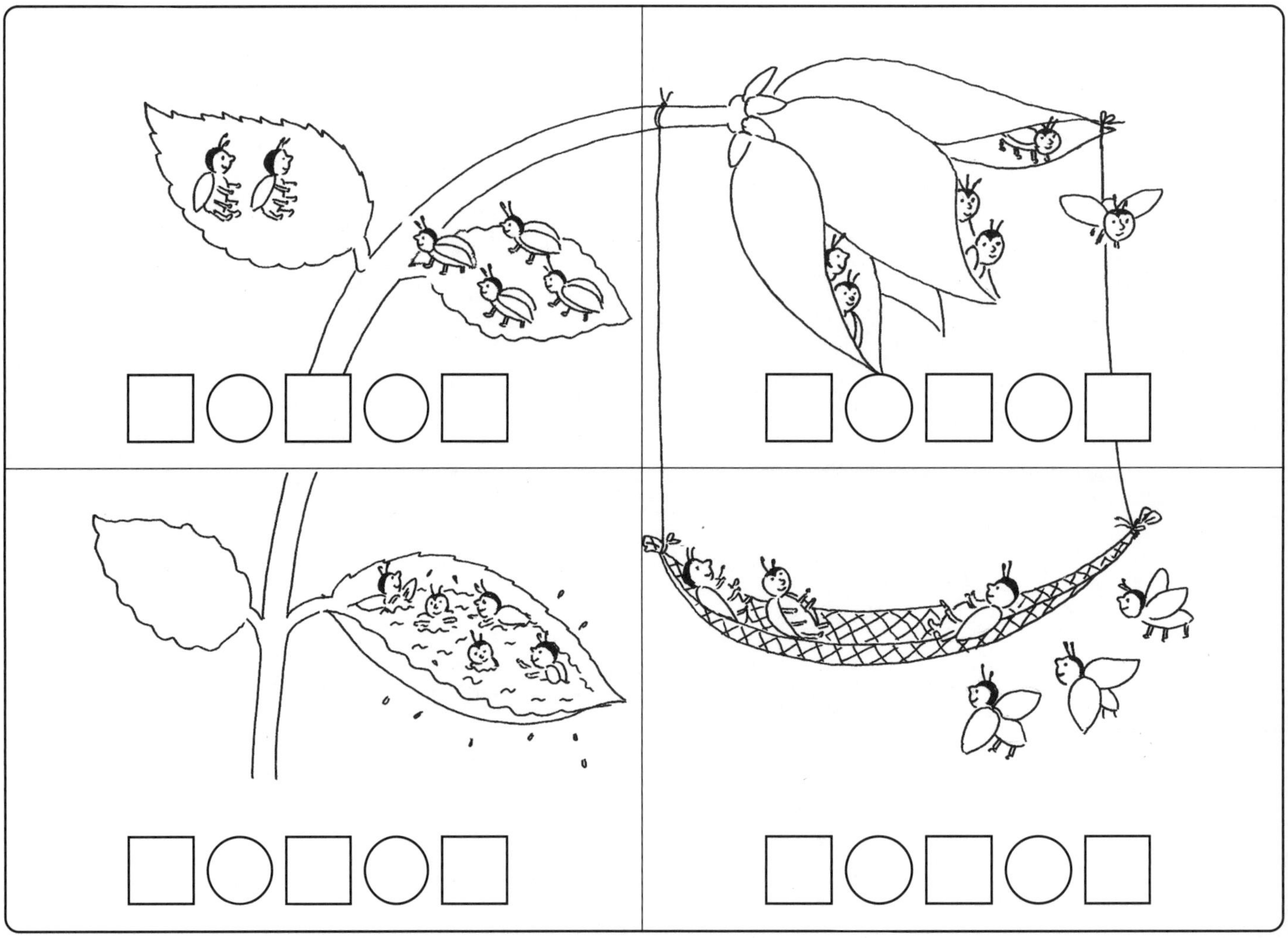

Kistler/Schneider: Rechnen ohne Stolperstein, Band 1B. Illustrationen: Kristina Klotz

Ratgeber und Praxishilfen

Kreative Impulse und konkrete Unterstützung

Lehrwerkunabhängige Materialien, die Sie im pädagogischen Alltag spürbar entlasten:

- **Ratgeber** zu allen aktuellen Themen rund um Ihren Unterrichts- und Schulalltag
- **Fachliteratur** zur Methodik und Didaktik – für angehende sowie für erfahrene Lehrkräfte
- **Methodenbücher**, (Lern-)Spiele und Rätselsammlungen – für Ihr Fach sowie fachübergreifend
- **Übungen** zum Wiederholen und Festigen von Inhalten
- **Kopiervorlagen** zu allen gängigen Lehrplanthemen, Kompetenzbereichen und für Vertretungsstunden

Online mehr erfahren:
crnl.sn/unterrichtshilfen